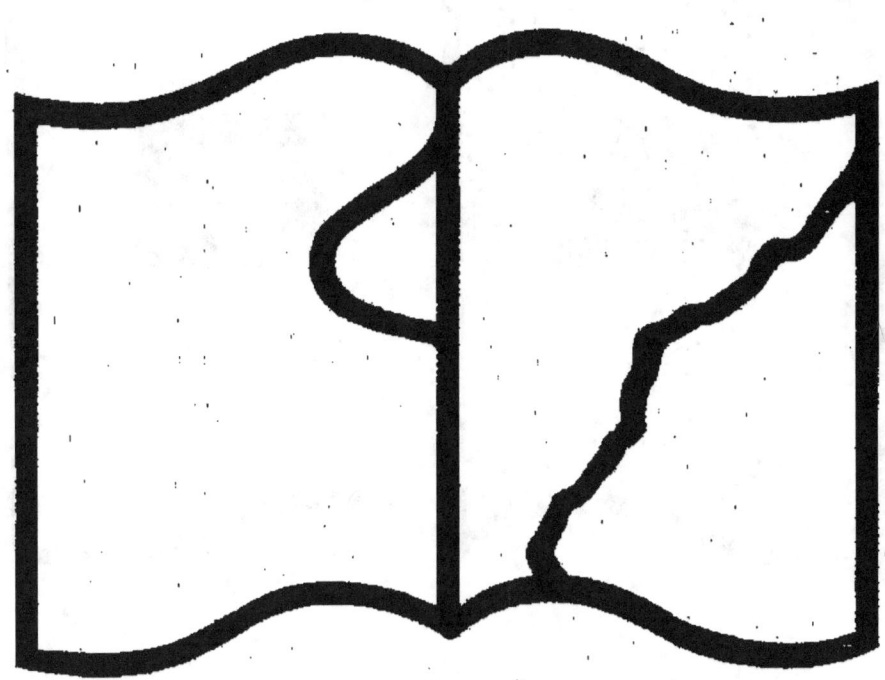

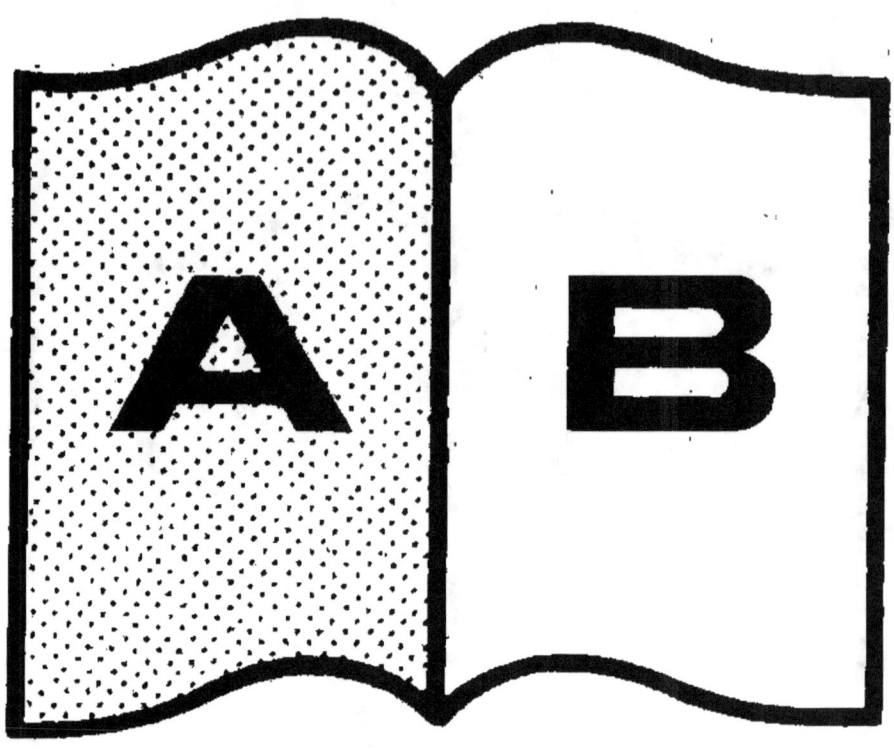

Contraste insuffisant

**NF Ż 43**-120-14

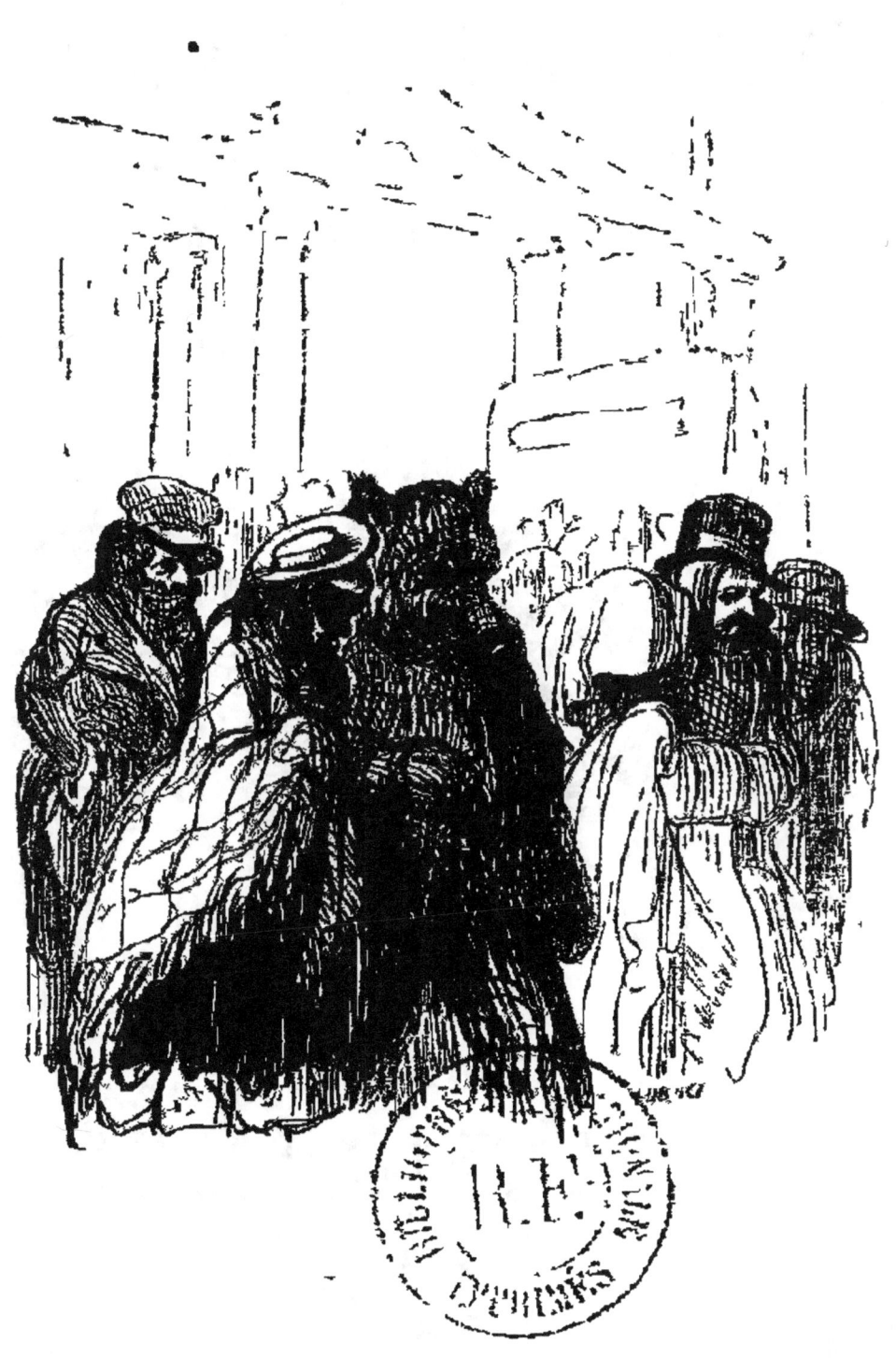

# PHYSIOLOGIE

## DE L'OPÉRA,

# DU CARNAVAL

### du Cancan et de la Cachucha,

#### PAR UN VILAIN MASQUE.

### Dessins de Henri Emy.

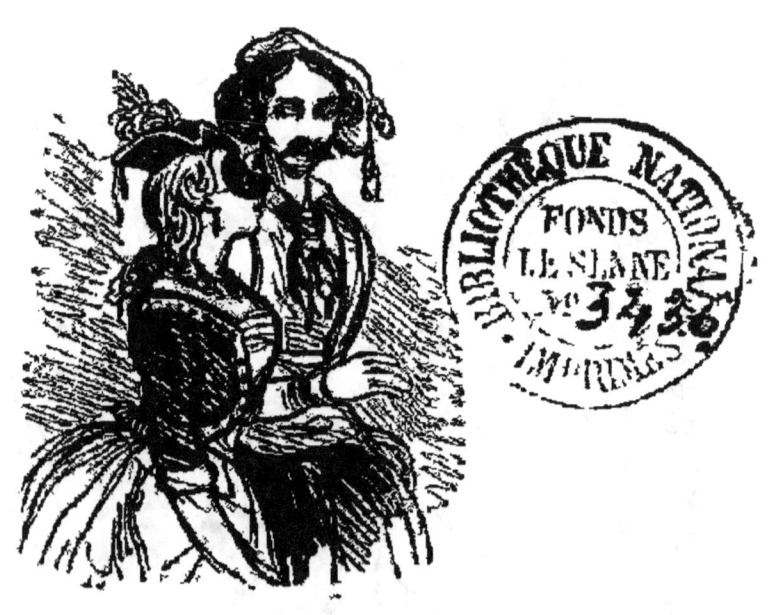

## PARIS.

**RAYMOND-BOCQUET,** | **PALAIS-ROYAL,**
Place de la Bourse, 13. | Chez tous les Libraires.

## 1842

Le bal masqué est la bourse des
femmes galantes : elles y jouent
l'amour à la hausse et à la baisse.

IMPRIMERIE DE TERZUOLO, RUE MADAME, 30.

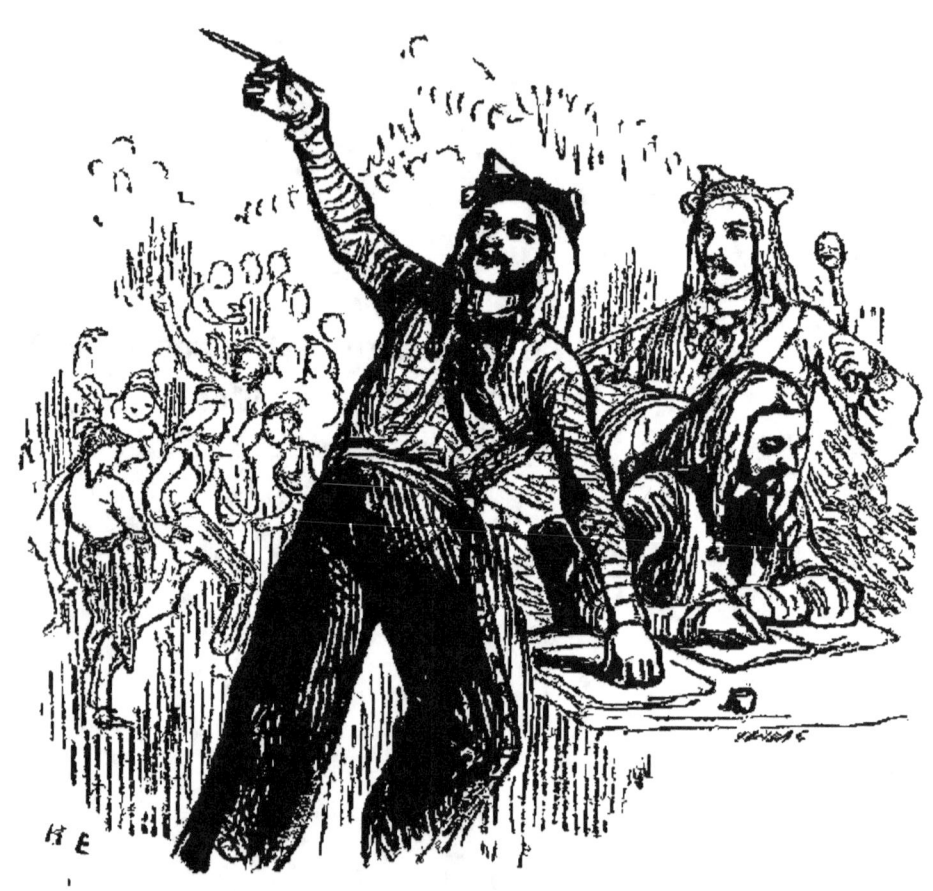

OHÉ ! les badouillards, les chicards, les flambards, les braillards, les balochards ! Joyeuses
sociétés, levez-vous !

Réunions folifiantes, mirobolantes, enivrantes
et souvent enivrées ! — Debout ! debout !

Allons ! allons ! des costumes gracieux, de jolies femmes, du vin mousseux, du punch brû-

lant, de l'esprit si vous pouvez, de l'aplomb si vous ne pouvez pas, du bagou, une voix sonore et de l'argent plein vos poches. — Roulez!

C'est le moment! c'est l'instant! vivez, viveurs!

Voilà le carnaval! — époque de plaisir, de vie, de mouvement, de fatigue, d'ivresse, d'intrigues, de liaisons, de ruptures, de désastres conjugaux, de triomphes amoureux, de serments, de trahisons, de coquetterie, de supercherie, de filouterie et de préfecture de police!

Voilà le carnaval! — Désespoir des maris, désir secret des femmes, triomphe des grisettes, espérance des filous et damnation des gendarmes!

Voilà le règne des bons vivants!

Allons, loustics, des bons mots! — Allons, danseurs, du cancan à mort! — Allons, femmes, de la rouerie, de la coquetterie, des infidélités, et, au milieu de tout cela, un peu d'amour si vous avez le temps! — Allons! allons! commencez le sabbat!

Ohé, les badouillards, les chicards, les flambards, les braillards, les balochards! — Ohé! ohé!

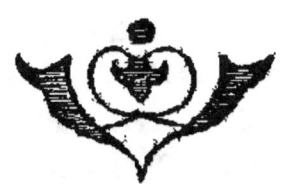

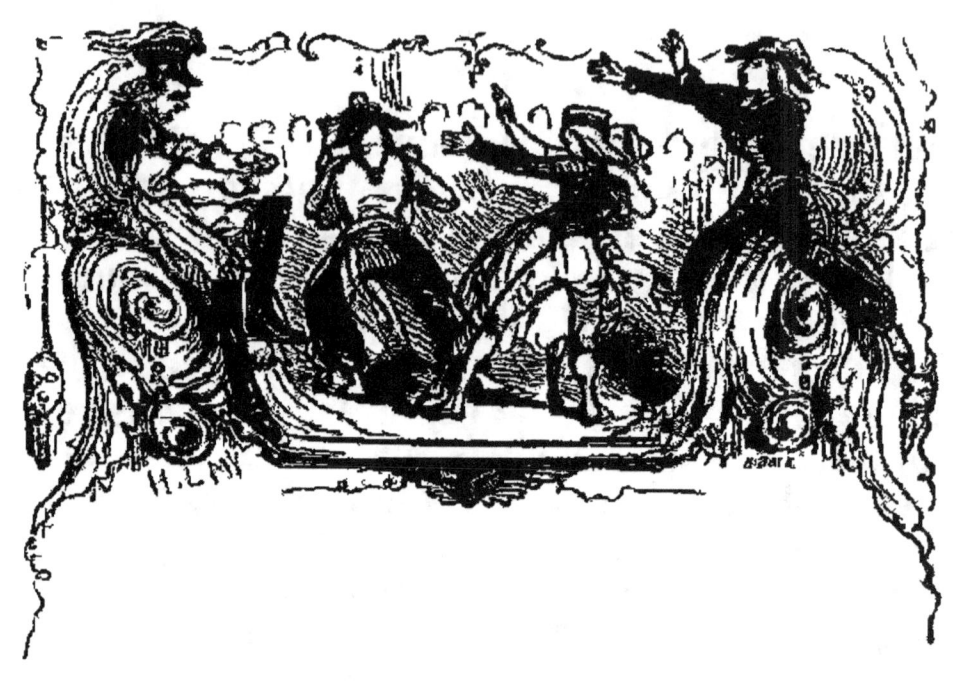

## Introduction qui devrait être savante.

**P**our commencer, je devrais vous faire une dissertation très-savante, tendant à prouver que le carnaval n'est pas né d'hier. Mais bah !... la belle avance !

Vous parler des *bacchanales* ou des *saturnales* ? — Ce serait prouver tout au plus que le carnaval est renouvelé des Grecs, et que ces bons anciens étaient de grands maîtres en fait de plaisir. — Connu !

Décrire *la fête des fous?* — Je ne le suis pas assez pour cela.

*La fête de l'âne?* — J'aurais peur d'offenser vos oreilles.

Chanter *la fête de la bouteille* de ces braves habitants d'Évreux? — Pas si bête! J'aime mieux fêter la bouteille en action qu'en parole! — Faites comme moi!

Quoi donc, enfin? — Peindre ce vénérable *abbé des cornards?* Le ciel m'en préserve! Je craindrais d'irriter les maris.... et il y en a tant!

— De cornards?

— Non... de maris.

Oh! ma foi, au diable le passé! — A nous le présent!

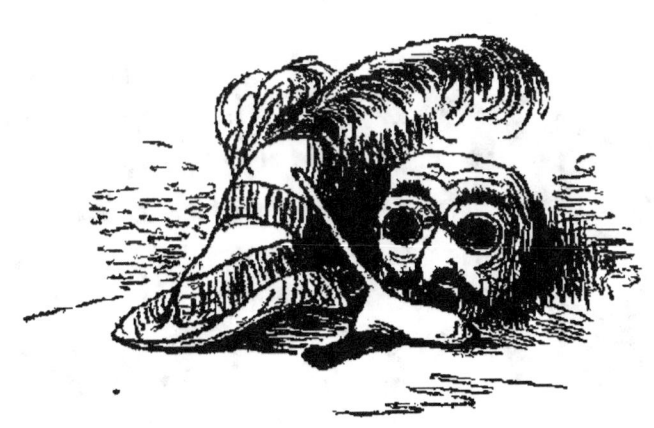

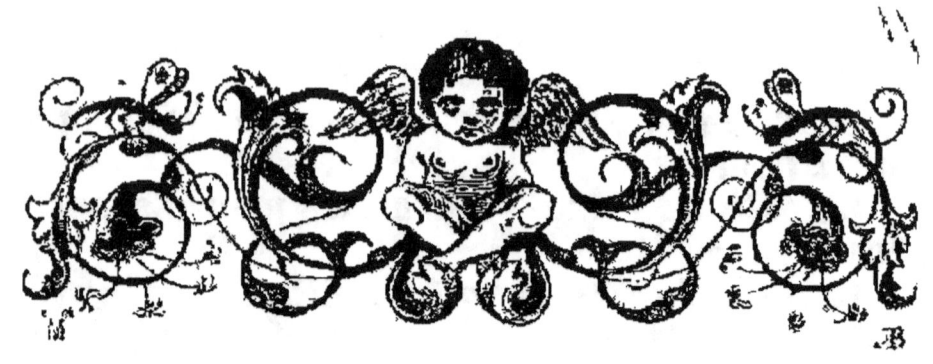

# I.

## Premices

Il était digne d'un gouvernement constitutionnel d'élever des monuments à la gloire de M. Vespasien, pour perpétuer le souvenir de son invention salutaire et... propice. O Vespasien ! ô grand homme ! tu méritais bien cela. D'autres s'inquiètent des grands intérêts d'un peuple, toi, tu t'es occupé de ses petits besoins. En t'érigeant un nombre considérable de colonnes sur les boulèvarts, on a fait un véritable acte de justice et d'utilité à la fois : on affichait ta gloire, et ta gloire sert elle-même à afficher. Trouvez-moi quelque chose de plus commode ? — On lit une affiche, on en lit deux, on fait un petit tour, et on les a toutes lues !

C'est sur ces nombreux témoignages de la reconnaissance publique, que paraît pour la première fois le carnaval, que s'annoncent les premiers bals.

Contrairement à la nature des jours, les affiches se suivent et se ressemblent. Six pieds carrés, des lettres de huit pouces et de grandes promesses, — voilà !

Quel torrent de voluptés l'on se procurerait pour son argent sans ce proverbe malencontreux : *Promettre et tenir sont trois.* Farceuses d'affiches, va ! — Elles sont cependant assez grandes pour savoir ce qu'elles disent. Que de colle dessus et dessous !

Viennent d'abord les théâtres. — L'Opéra qui est comique et celui qui ne l'est pas (cherchez lequel). La Renaissance, si bien nommée en ce qu'elle renaît souvent et qu'elle meurt toujours ; la Porte Saint-Martin, l'Ambigu, etc., etc.

Puis Musard, Valentino, le Prado, Montesquieu, tous les ermitages possibles, Élysée, Trianon, Vauxhall, sans oublier l'Ile-d'Amour, le Sauvage et ce bon M. Desnoyers de la Courtille.

Et tout cela fait de la banque, met l'amorce, jette l'hameçon pour pêcher le public, qui au fait est bien assez goujon pour qu'on le pêche.

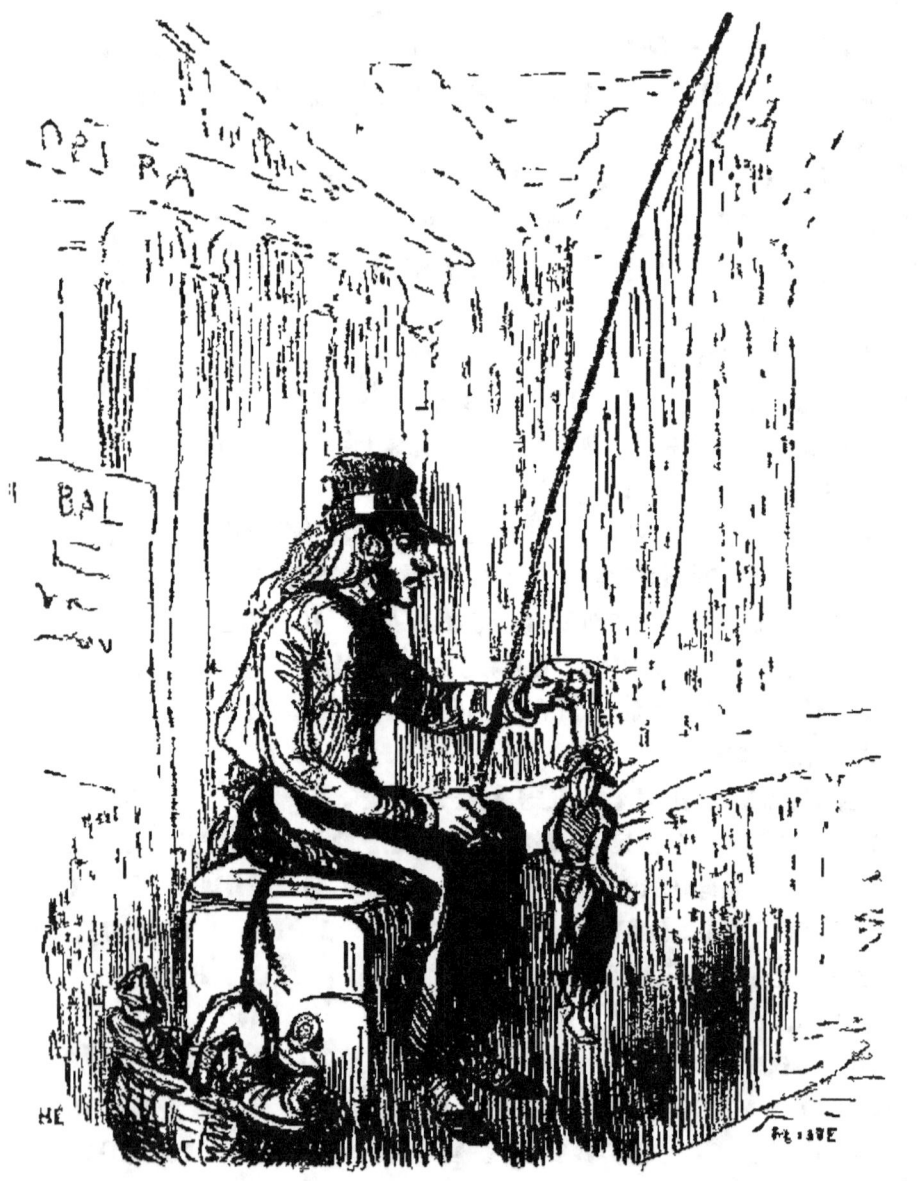

De l'Opéra au Sauvage, et du Sauvage à l'O-
péra la formule est à peu près la même :

GRRRAND BAL PARÉ, MASQUÉ ET TRAVESTI,

*L'orchestre, composé d'un nombre illimité de musiciens, sera conduit par M......*

(Ici le nom du chef d'orchestre en lettres plus ou moins grosses, suivant son plus ou moins de talent... ou d'aplomb, l'un tenant souvent lieu de l'autre.)

*Le buffet sera servi par M. ****.*

(Je voudrais bien voir le buffet du Sauvage.)

*Prix d'entrée.*

C'est ici seulement que la différence existe. Il y a du plaisir pour tous les rangs, pour toutes les conditions, pour toutes les bourses, depuis 10 fr. jusqu'à 25 c. à consommer.... au buffet.

Bah! c'est toujours du plaisir! Aussi, comme on se presse autour de cette première affiche! On se bouscule, on s'écrase les pieds pour la lire.

—Mais, monsieur, ne poussez donc pas comme ça!

— Sacrebleu, vous me pilez!

— Fichtre, mon cor!

— Bigre, mon ognon!

— Saperlotte, mon œil de perdrix!

Les rageurs, les intrépides la dévorent d'un

bont à l'autre, le nom de l'imprimeur inclusive-
ment ; et leur cœur bat une mesure à trois temps
et danse un galop dans leur poitrine.

Espérance du bal, que tu fais tourner de têtes !
Le commis fait son article avec plus d'éloquence,
il a son intérêt sur la vente et compte là-dessus
pour danser ; le clerc griffonne sa copie de pièce,
il introduit à plusieurs reprises les mots *cancan*
et *bal Musard* dans une requête de séparation,
et songe à la *carotte* qu'il veut tirer à un père
sensible. Le chevalier d'industrie cherche une
dupe, le créancier, un débiteur solvable ; c'est
qu'il faut de l'argent à tout prix : pas d'argent,
pas de bal masqué ; l'argent a des propriétés hila-
riantes : sans lui point de cancan, point de conquêtes, point de soupers, point de champagne !

L'argent est le nerf du plaisir.

Ah ! le carnaval coûte cher, à Paris....

— Et rapporte beaucoup, dit la femme galante.

Depuis que le premier bal est affiché, voyez-la
courir chez Gagelin, de là chez sa couturière, puis
chez le passementier, puis... c'est à n'en plus
finir. C'est qu'il lui faut un costume délirant,
mirobolant, étourdissant, car, pour elle, le carnaval n'est pas seulement un plaisir, c'est une
affaire.

Le bal masqué est la bourse des femmes galantes, elles y jouent l'amour à la hausse et à la baisse.

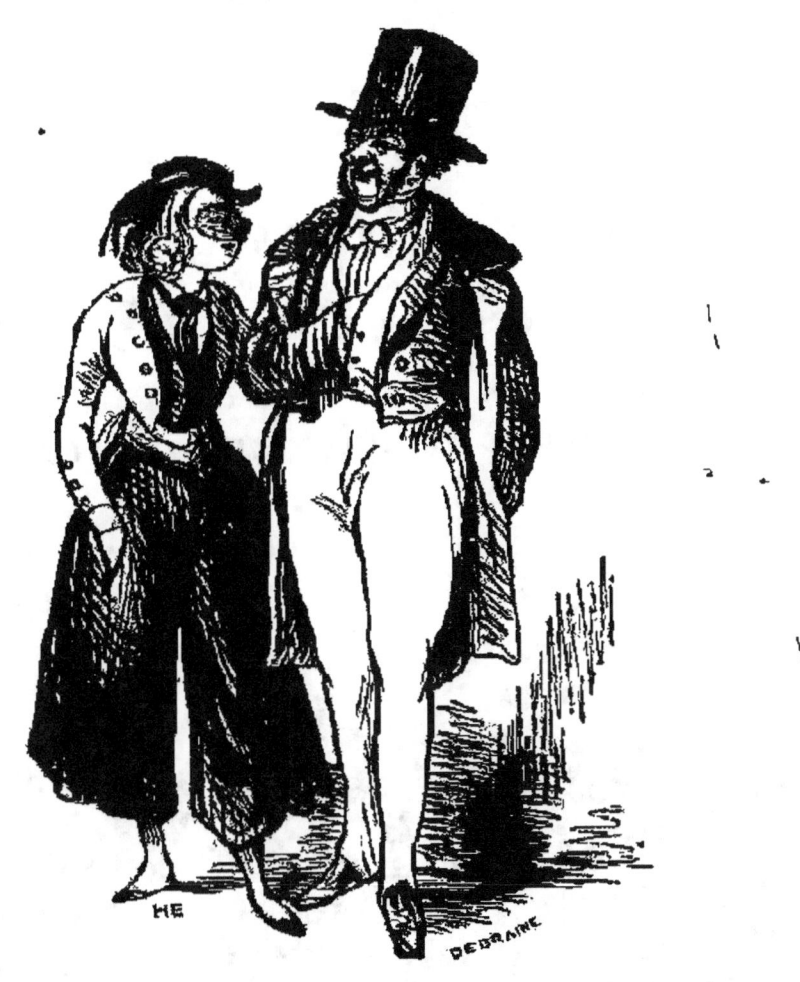

Le bourgeois seul regarde cette affiche d'un œil indifférent, et murmure entre ses dents : — Sont-ils pressés, commencer le carnaval au mois de janvier ! Patience ! patience ! viennent les jours gras, et l'on saura s'amuser tout comme un autre.

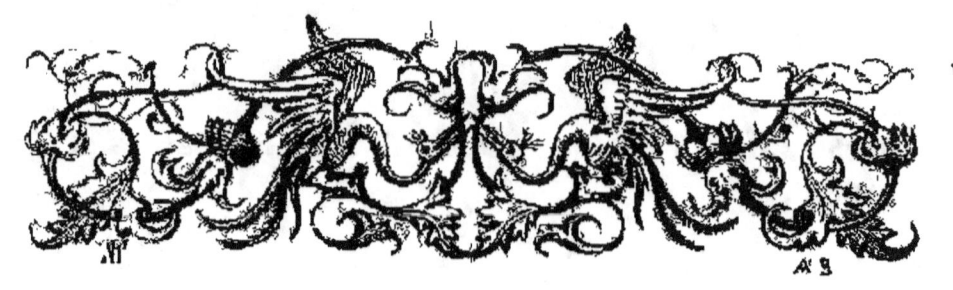

## II.

### De quelques voluptés carnavalesques.

N saura s'amuser tout comme un autre, a dit le bourgeois : et Dieu sait comme il s'y prend! Pendant le carnaval, c'est-à-dire du jeudi-gras au mercredi des cendres, ses plus chères voluptés sont celles qui le sont le moins. En première ligne, nous trouvons *les beignets*; et quels beignets, grand Dieu! Nous aurions à ce sujet une aventure fort attendrissante à vous raconter, aventure dont les beignets et la filasse ont été les principaux acteurs; mais nous vous en faisons grâce. — Voilà de la générosité. Par exemple, n'espérez pas éviter *les crêpes.*

Défiez-vous d'un homme qui vous arrête dans la rue pour vous dire : — Venez donc passer la soirée à la maison, mon cher, nous ferons des crêpes, nous rirons.

Évidemment, cet homme vous veut beaucoup de mal. Jugez-en.

### Programme des fêtes et divertissements de la soirée.

On se réunira à huit heures précises.

A huit heures et demie, le maître de la maison s'affublera d'un tablier de cuisine et d'un bonnet de coton, ce qui lui donnera l'air d'un infirmier de l'Hôtel-Dieu.

A neuf heures, il saisira la poêle, sur laquelle il fera un grand nombre de plaisanteries qui devront être trouvées très-spirituelles.

A neuf heures un quart, fabrication de la première crêpe, qui sera lancée dans la cheminée.

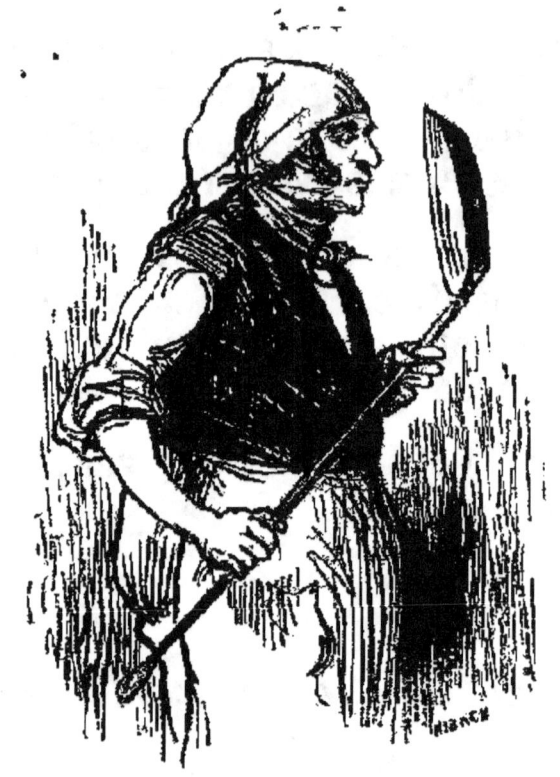

Cette facétie traditionnelle sera accueillie par les éclats de rire de la société.

A dix heures, grand galas. — On mangera les crêpes.

A dix heures et demie, apparition de deux bouteilles de cidre; ce qui ne sera pas le moins piquant de la soirée. Etc., etc.

Ajoutez à cela quelques plaisanteries dans le goût de celle-ci, dont nous pouvons prouver la véracité.

Au moment du galas, on sonne à la porte; un homme, vêtu de noir de la tête aux pieds, se présente, et demande à parler au maître de la maison.

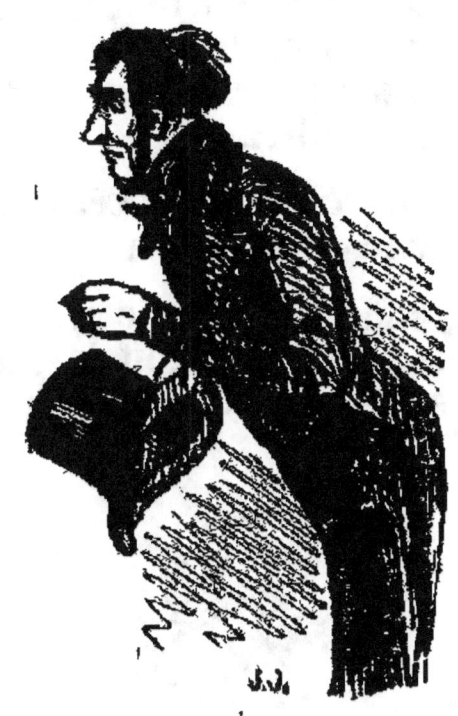

Celui qui ressemble à un infirmier se présente, et répond :

— C'est moi, monsieur. Je n'ai pas l'honneur de vous connaître ; mais, c'est égal,... entrez donc. — Aimez-vous les crêpes ?

— Beaucoup. monsieur ; j'en porte tous les jours...

— Moi, j'en mange... Qui êtes-vous donc ?

— Je suis employé aux pompes-funèbres, et je

venais chercher la commande ; on m'avait dit que vous étiez mort.

— Bien obligé, réplique le maître de la maison en faisant la grimace, je suis vivant et bien vivant. — Sacrebleu ! versez-moi un verre de cidre, et vous allez voir...

On s'explique : c'est une facétie du voisin. O esprit, voilà donc de tes traits !

Le lendemain de cette orgie, le maître de la maison (s'il est garçon) reçoit la note suivante des mains de sa femme de ménage :

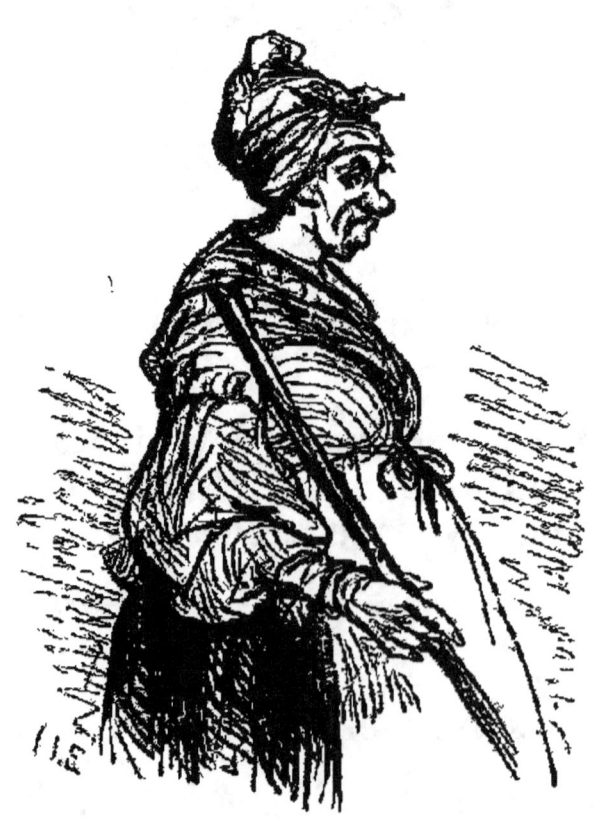

*Notte de des pance poure la soirre de moseu.*

A cavoire :

|  | l. | s. | d. |
|---|---|---|---|
| 1 l. farin. . . . . . . . . . . . . . | » » | 10 | » » |
| 1 l. cin d'ou. . . . . . . . . . . . | »1 | » » | » › |
| 2 boutail de sid. . . . . . . . . | » » | 16 | » » |
| Pourre boir aux garson. . . . | » » | »1 | »6 |

Tautal :    2 l.   7 s.   6 d.

Si ce n'est pas drôle, au moins ce n'est pas cher. — Avis aux amateurs. — Du plaisir! du plaisir! c'est le cri général, et chacun entend le plaisir à sa manière. Le gourmand fait son carnaval avec une dinde aux truffes; il se donne une indigestion pour se divertir, et il en meurt quelquefois pour compléter le divertissement. Le vieil époux cherche une étincelle de son ancien feu,—c'est un carnaval comme un autre, et que sa femme trouve assez de son goût.—Enfin, le gamin, celui qui n'a pas encore revêtu la robe prétexte, c'est-à-dire qui n'est pas parvenu à l'état de *voyou;* le gamin se fait un Dieu du bœuf-gras. C'est le rêve de ses nuits, l'espérance de ses jours; il le met bien au-dessus *du cornet à bouquin, de la batte* et *des rats.* Aussi la mère se-sert-elle du nom de l'animal pour réprimer la fougue *moutardière* de son bambin.

Témoin la caricature : *Si tu cries comme ça, tu n'iras pas voir le bœuf-gras.*

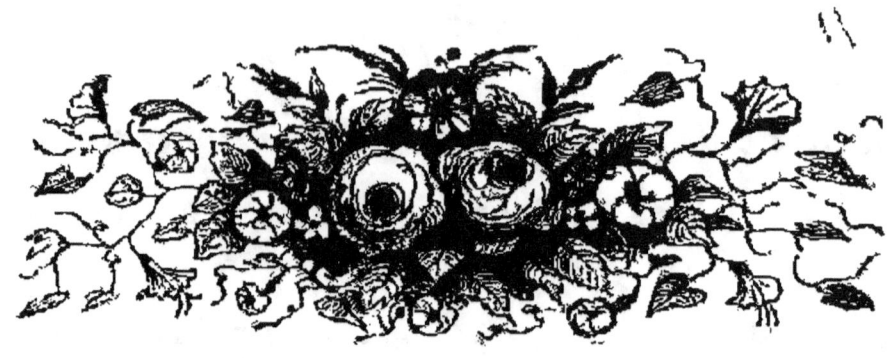

## III.

### Le bœuf-gras.

on Dieu! les vieilles traditions se perdent, mon pauvre bœuf-gras; c'est pour cela que tu n'as plus pour spectateurs que les enfants, leurs bonnes, les tourlourous et quelques flâneurs, qui vont te voir comme ils feraient d'une bonne caricature. Quelle humiliation! ingrat public!

Vous êtes pourtant bien drôles toi et ton cortége, — Pardon si je te tutoie; mais la poésie a ses licences.

Et d'abord, est-il rien de plus gras que tout ce qui t'accompagne, noble image des jours que tu représentes ? Tout ton olympe, Bacchus, Silène, le dieu Mars, M. Hercule, le bonhomme Jupiter et sa robe divine, tout est gras à faire envie à un

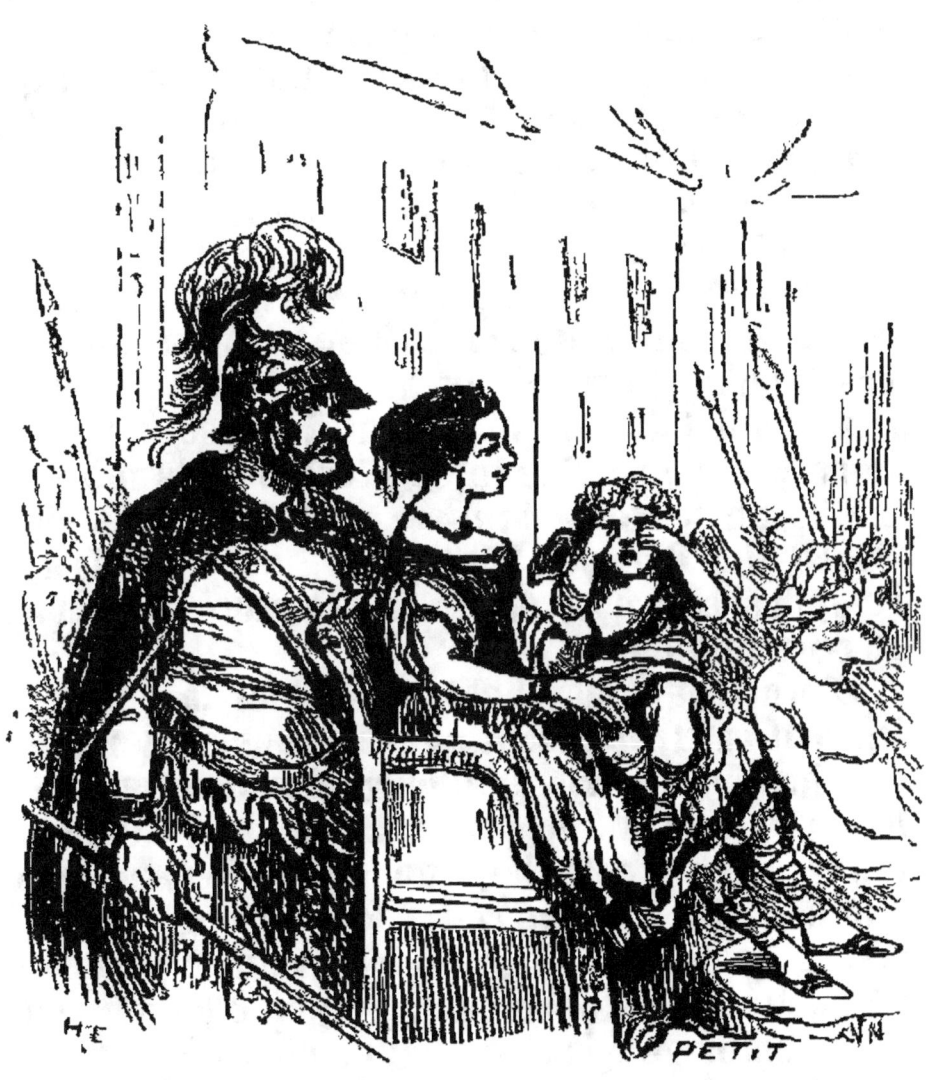

moine. La robe surtout : elle fut engraissée à Pa-

phos, dans l'île d'amour; c'est toute une histoire.
— Je vous promets l'histoire de la graisse.

Quelle marche triomphale! Les dieux te suivent et ne te ressemblent pas, quoique tu aies des cornes; après tout, ils te doivent bien cela, car ils sont encore plus *bouchers* que toi. Rien ne manque à ton cortége; la plus belle moitié du genre humain y tient sa place; dame Vénus est sur son trône, ainsi que son pauvre enfant, qui fait l'amour à raison de 3 fr. 50 c. par jour. Pauvre petit! il n'y a pas deux heures que l'on est en route que je l'entends qui crie :

— Maman! j'ai envie.....

Hélas! de quoi peut-il avoir envie?... De pleurer, sans doute. Je le crois bien; la position n'est pas tenable : perché au haut d'un char par le froid qu'il fait! Le dieu Mars, qui se tient derrière Vénus, se charge de réchauffer la mère et le fils au feu des *canons* qu'il leur présente. Office bien digne du dieu de la guerre; mais il le remplit si souvent, que le soir la mère et l'enfant se portent bien.

L'ordre et la marche ont été criés la veille, et le bœuf est trop galant animal pour se déranger du chemin prescrit. D'ailleurs, les dieux ont reçu les ordres de M. le préfet de police : c'est toujours comme cela dans un gouvernement bien entendu. De rue en rue, de carrefour en carrefour, le cortége divin arrive jusqu'au Château. Là quelle scène touchante! l'olympe entier rendant hommage à la royauté aux sons d'une musique de saltimbanque. J'ai toujours admiré la sagacité, l'esprit de convenance qui a présidé au choix de l'air chanté sous les fenêtres royales : *Où peut-on être mieux, qu'au sein de sa famille?* Que de flatterie dans le choix de cet air ! Oh ! olympe, tu peux te vanter d'être un fameux flagorneur. Cependant, j'aurais voulu que tu pusses apprendre les paroles à ton bœuf; il les aurait chantées avec accompagnement : c'eût été là le comble de la courtisanerie.

C'est le jour aux scènes attendrissantes. Si vous avez été émus de la conduite galante des dieux au château, combien ne l'êtes-vous pas maintenant que ces mêmes dieux descendent au rang des simples mortels, s'introduisent chez le marchand de vin, et y engloutissent un nombre indéfini de litres et de demi-setiers, en dépit du système métrique. O dieux ! ô dieux ! c'est à en pleurer de tendresse.

Enfin, la nuit vient. Le bœuf, écrasé sous le poids... de sa dignité, sent ses jambes se raidir; il ne marche plus que par saccades; on dirait un bœuf *automate*, — je n'ai pourtant pas lu la *Physiologie du Calembourg*. On le reconduit, et l'olympe, qui s'humanise tout-à-fait (le vin porte à la bienveillance), l'olympe descend sur la Courtille, où les dieux vont achever la nuit au milieu des hommes. Quelle ivresse ! — Comme de pauvres humains, ils vont folichonner, cancaner; un d'eux même, tout-à-fait en goguette, se laissera peut-être aller jusqu'à la *chahut*, et ira, entre les bras de deux sergents-de-ville, terminer la nuit au violon. Les sergents-de-ville n'ont de respect pour rien, pas même pour la divinité.

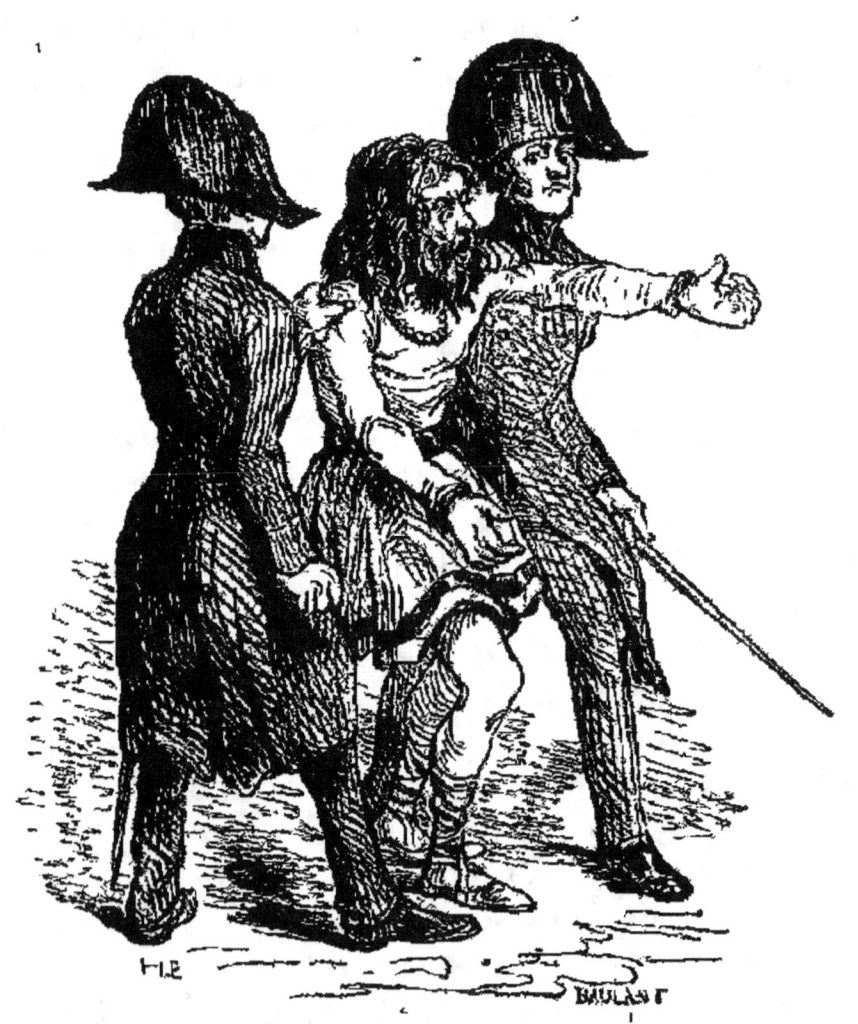

Mais, je me rappelle ma promesse. Revenons à l'histoire de la graisse qui couvre la robe de Jupiter.

C'était à un carnaval dernier ; Jupin, fatigué de ses travaux du jour, et ayant du bœuf plein le dos, était venu se reposer à l'Ile d'Amour...

de Belleville. Le maître du tonnerre, qui avait quelque peu fêté son ami Bacchus, se trouvait en belle humeur; il débitait des calembredaines, et folichonnait comme un bien-heureux, quand il aperçoit une Léda tout-à-fait de son goût. Le dieu s'enflamme à la vue de cet objet, il devient brûlant; Léda, se sentant chauffée de si près, trouve Jupiter divin, et bientôt les voilà

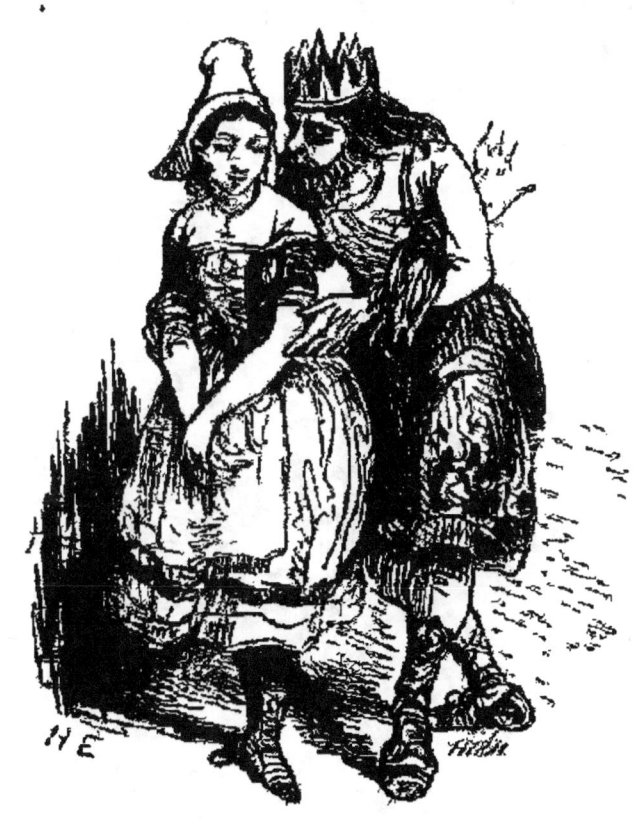

les meilleurs amis du monde — païen. Tout-à-coup les dieux s'inquiètent, et cherchent partout leur souverain et sa belle : ils ont disparu, Léda ainsi que Jupiter, après s'être fait *signe.*

Obscurité, viens voiler les mystères de Paphos! — On appelle Jupin; on se met à sa recherche. Cependant, le dieu, réfugié dans les jardins, maudit les importuns, et, comme il avait sans doute quelque chose à cacher, lance sa foudre sur le quinquet. Ce soleil de Paphos lui tombe sur les épaules, et l'huile chargée d'alimenter le soleil se répand sur le vêtement divin.

Or, voilà pourquoi la robe de Jupiter est grasse. O bœuf-gras, ô mythologie, que vous me faites donc de bien!

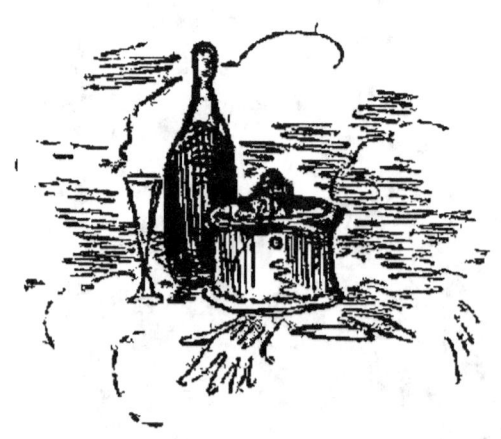

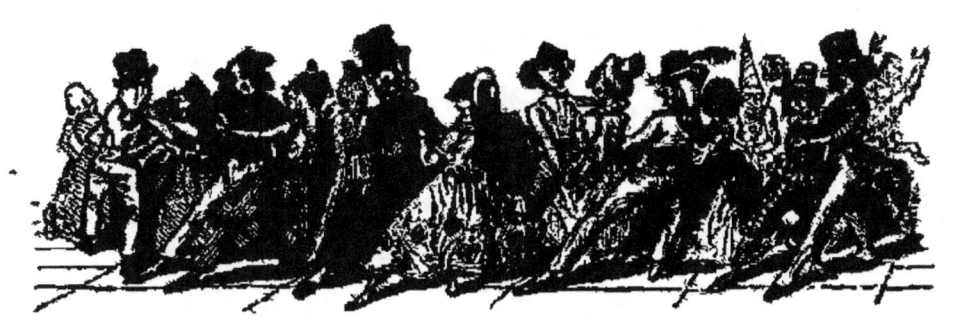

## IV.

### Changement à vue.

ARNAVALISEURS mesquins, vieux époux, gourmands, gamins, amateurs de beignets, de crêpes, de bœuf gras et de tout ce qui vous plaira, allez vous coucher, bonsoir, messieurs ! et foin de vos plaisirs ! — En voici de bruyants, de saisissants, d'étourdissants, d'ébouriffants, gare là-dessous !

Entrez,... entrez, *messieurs et dames*, c'est le moment,... c'est l'instant,... suivez la foule. . Allez, musique !

Un coup de sifflet! Tire la ficelle, machi-
niste. Quel tableau varié!

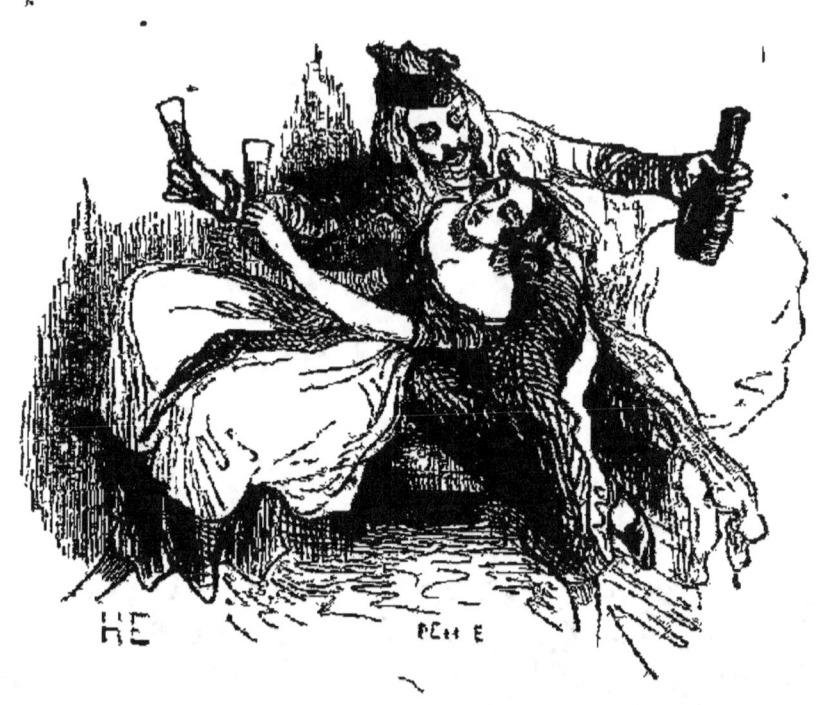

Le bon vin coule,
L'esprit découle,
Le gros mot roule,
Le monde aboule
Chacun se goule
Et puis la foule
Au bal s'écoule
Le plancher croule
Le galop roule
Chacun déboule
C'est une boule
On perd la boule.

Carnaval de Paris,
Chacun est gris ...
— Oh ! c'est fini ;
Me v'là parti.
J'suis poète aussi,
Ma foi, tant pis !

Voilà de la poésie de carnaval, comme chacun en fait pendant ces folles journées ; si elle n'a pas la raison, au moins a-t-elle la rime ; — et c'est toujours cela.

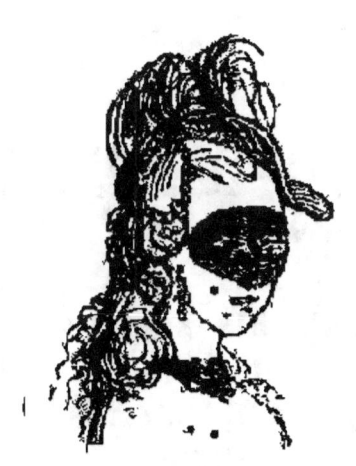

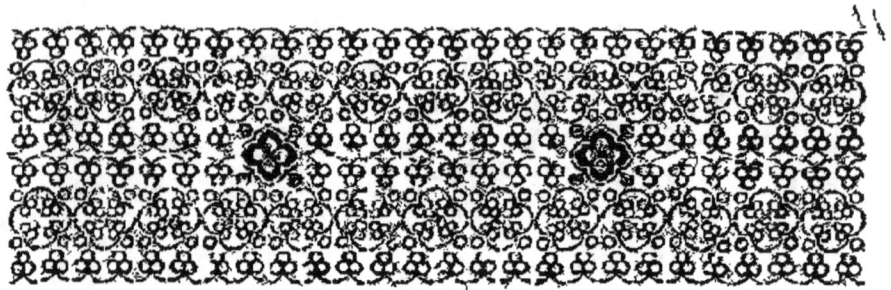

## V.

### Paris en carnaval.

ES masques, les dé-
guisements ne cons-
tituent pas à eux
seuls le carnaval;
sans cela, que de gens seraient
en carnaval toute l'année, surtout dans les hautes régions de
la société, où l'on est convenu
d'avoir un masque pour toutes
les circonstances, où les cons-
ciences, — s'il y en a, — se
travestissent à volonté, et dansent au son de l'argent toutes
les contredanses possibles, sans en excepter le

galop! Quel bal masqué perpétuel!'— Oh! les vilains masques!

Bah! — J'aime mieux autre chose.

Paris est en carnaval; les boutiques sont closes; à peine en est-il quelques-unes qui conservent un œil ouvert sur la rue, comme pour tenir une espèce de juste milieu entre leur intérêt et leur divertissement. Les rues s'emplissent de flâneurs, se bariolent de masques aux divers costumes, se

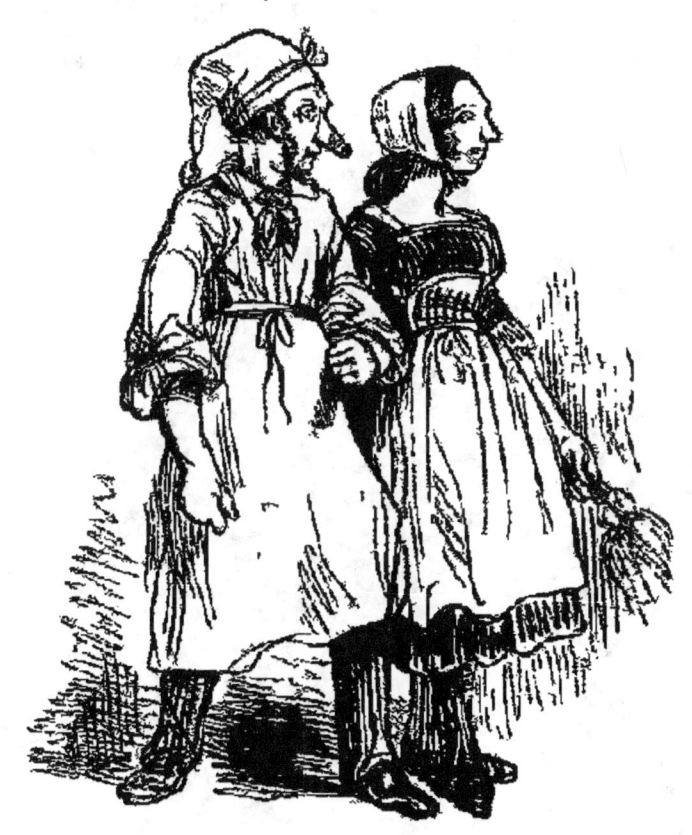

sillonnent de voitures; on se cherche, on s'appelle, on s'accueille au milieu des chants, des rires, et des joyeux propos. Les cabarets regorgent de buveurs qui s'animent ; — tout se mêle, se démêle, s'entremêle ; c'est un bourdonnement sourd encore, du milieu duquel percent à la fois les éclats de rire, les jurons des cochers, le choc des verres, et quelques grossièretés, prélude de la grande orgie de mots dont le boulevart sera le théâtre dans quelques instants.

Enfin l'heure est venue ; l'on s'est réuni, les voitures sont pleines. — Fouette, cocher ! — Alors les cris commencent, les saturnales ont

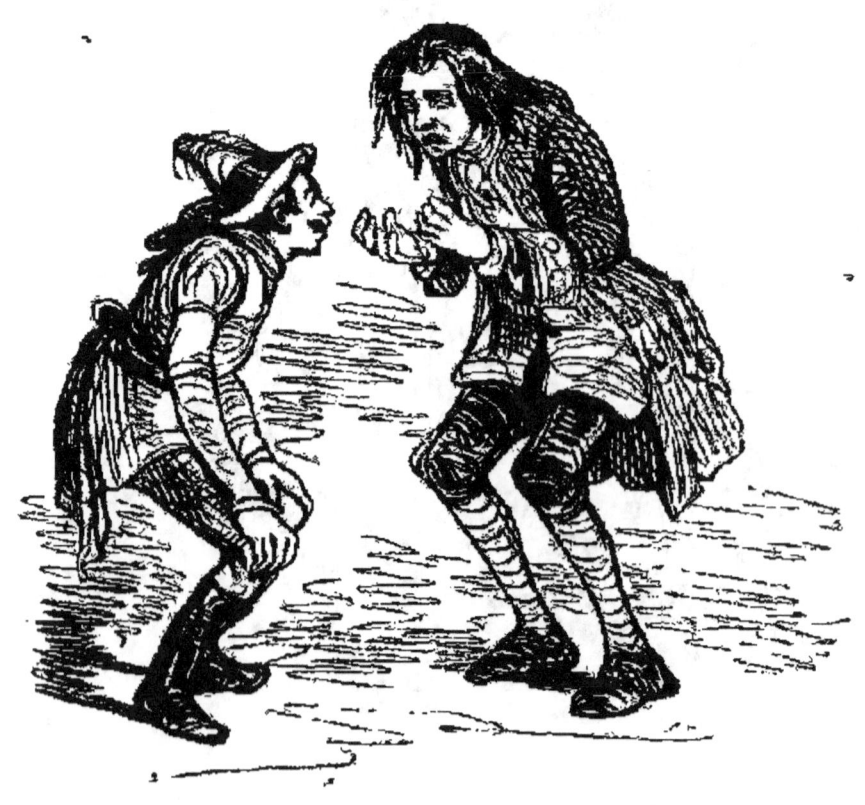

reçu le jour. Les masques se huent, s'attaquent,

ripostent ; les invectives répondent aux invectives: on s'excite, on se monte. Mais ce ne sont encore que des escarmouches, qui précèdent le grand combat ; escarmouches riches cependant en gros mots, en trivialités, en obscénités.

Au milieu du feu roulant de ces grossières plaisanteries, les femmes passent et repassent. A tout autre moment, leur vertu s'effaroucherait du quart de ce qu'elles entendent, mais, alors, elles ne prennent seulement pas la peine de rougir. — Ce que c'est que le carnaval !

Les colonnes de municipaux ont envahi le boulevart, et les malheureux gardes urbains se sont échelonnés sur la grande ligne carnavalesque ; tableau dont ils feront le cadre. Le carnaval est alors à son apogée ; puissant et fort, il s'est tracé deux longs sillons au centre de la grande cité : la rue Saint-Honoré et les boulevarts. Mais la première n'est que l'antichambre des seconds. Toute la population parisienne déborde sur ce foyer du plaisir ; les bas-côtés s'emplissent, on se presse, on se pousse, on se porte, on se pile. Malheur à qui laissera tomber un gant, un mouchoir, il ne lui sera bientôt plus possible de le ramasser sans s'exposer à de graves inconvénients. Les lignes de voitures se sont formées, mais de masques point encore ou fort peu : ces messieurs se font attendre.

Enfin, des cris partent de tous côtés ; c'est un gamin qui passe accoutré de je ne sais quelles loques, dérobées sans doute à quelques tas d'ordures, et escorté d'un régiment d'autres gamins criant et beuglant : —à la chie-en-lit ! lit ! lit !

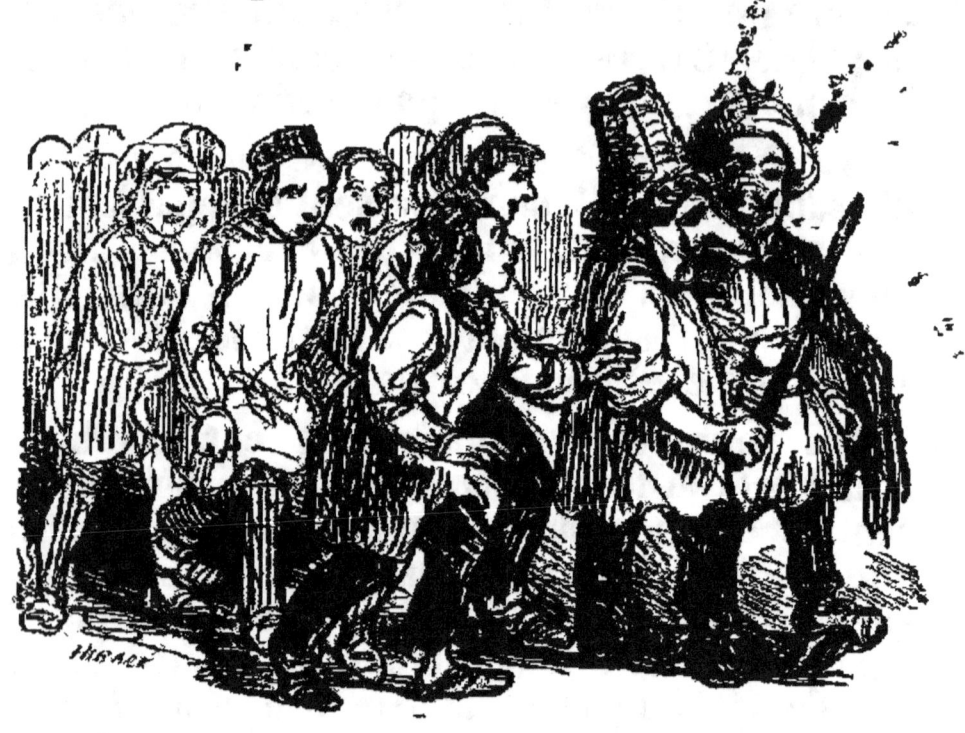

Au milieu d'un concert étourdissant de cornets à bouquin, quel vacarme ! c'est à rendre sourd.

Pour cette fois, voilà bien des masques ! Une voiture à quatre chevaux s'avance majestueusement à travers les piétons, qu'elle refoule : elle tient le milieu du pavé. Que de costumes ! Quelle variété ! Il y en a de toutes les couleurs, des rouges, des bleus, des verts; des débardeurs, des malins, des écossais, des espagnols, des galériens, des laitières décolletées en dépit des rhumes, une boutique de costumier enfin. Mais où est l'intention de tous ces déguisements? — Des costumes, et voilà tout ! — Où donc est le

temps des mascarades? Point de carnaval alors
où l'on ne vît sur le boulevart quelques réunions
de masques réprésentant une idée. C'était don
Quichotte et son fidèle écuyer, Sancho ; une noce
du temps de Louis XV, avec son bailli obligé ;
une promenade de Landais perchés sur leurs
échâsses ; c'était.... que sais-je moi? C'était quelque chose, et cela amusait. Pourtant il ne manque pas aujourd'hui de joyeuses idées à exploiter : ne serait-il pas plaisant, je vous le demande, de voir se promener sur le boulevart
*madame Camus et sa demoiselle*, qui font tant

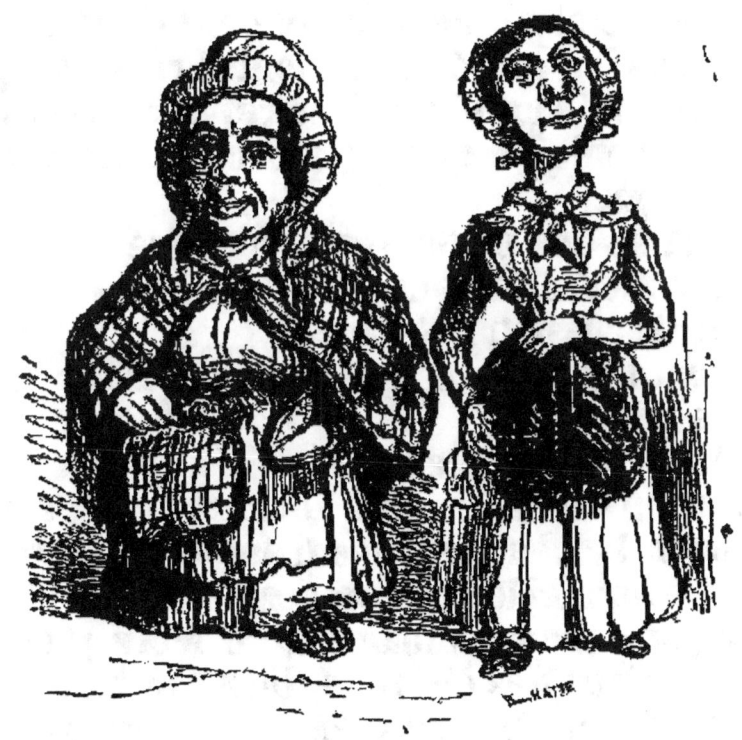

rire au Palais-Royal? Oh ! nous l'avons déjà dit
les bonnes traditions se perdent

On ne s'en amuse pas moins aujourd'hui, si l'on peut juger du plaisir par le bruit. Les sons du cor se font entendre à tous les coins du boulevart ; ceux qui se livrent aux charmes de cet instrument ont soin de se placer aux fenêtres de distance en distance, de telle sorte que loin d'avoir les cors à leurs pieds, les promeneurs en ont par-dessus la tête. *Le Roi Dagobert* et *le Clair de la Lune* font les frais de la conversation : petit supplément au charivari général qui ne manque pas d'attraits.

A la première voiture ont succédé d'autres voitures; le tableau carnavalesque est dans tout son éclat : mais il n'est véritablement curieux que pour ceux qui, du haut d'une fenêtre, dominent cette foule aux couleurs variées, aux costumes bizarres et sans nom.

La masse des piétons est devenue plus compacte ; on crie de tous côtés, à chaque coin de rue une discussion s'engage.

Ce sont des voitures qui veulent quitter la file :

— Je passerai !

— Vous ne passerez pas !

Les coups de fouet vont leur train : puis, pour compléter l'embarras, des troupes de cavaliers passent triomphalement en écrasant, par-ci par-là, quelques pieds humains avec leurs pieds de bêtes. — Ceux des chevaux, bien entendu.

Mais la file est arrêtée; on entoure une voiture chargée de masques à céder sous le poids, qui hèle une autre voiture non moins chargée qu'elle, et lui porte le défi.

Un gros marin, précédé d'un ventre des mieux nourris, commence l'attaque d'une voix de *canonnier*.

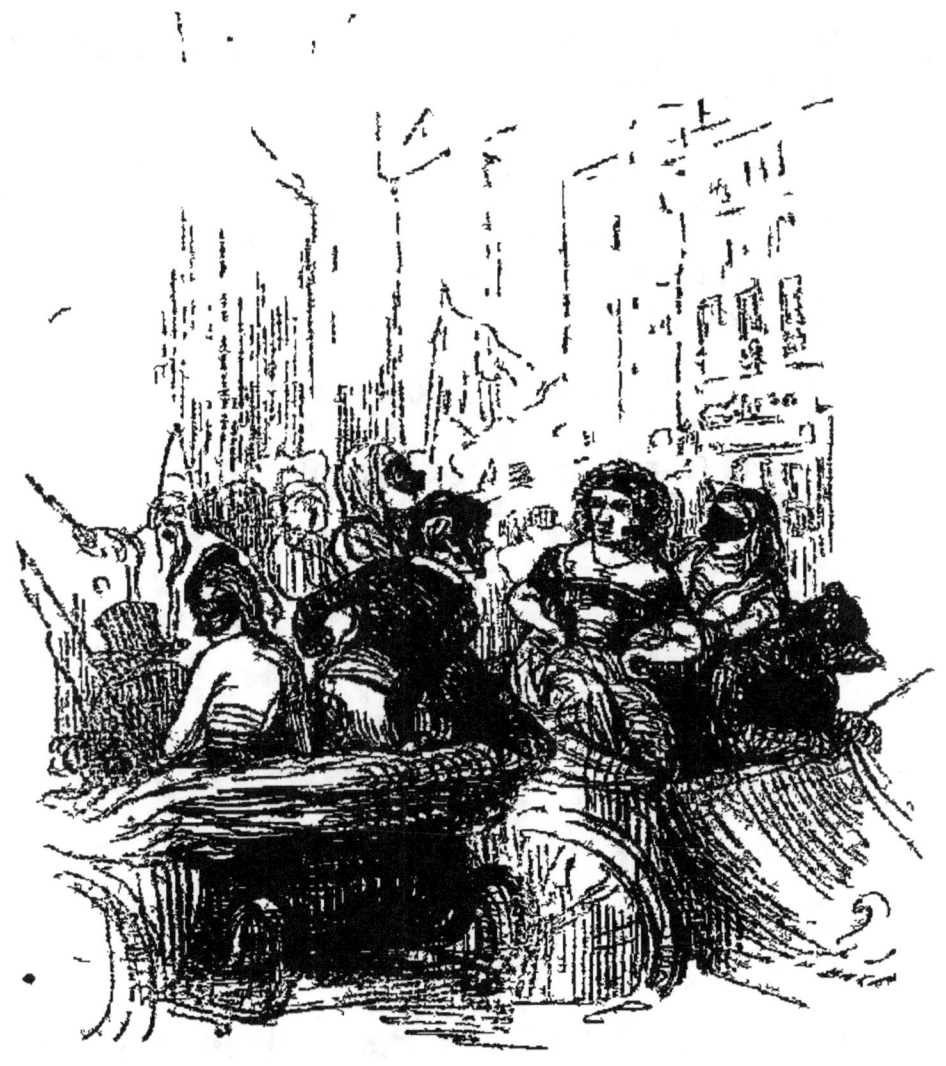

Va donc, charretier de malheur!
On dirait que t'as peur;

Tu peux passer à la barrière
Sans qu'on te fasse la guerre,
Avec ta vilaine cargaison :
On ne fait pas payer les dindons.

— De quoi ! de quoi ! reprend le conducteur de l'autre voiture ;

Voyez-vous c't'autre animal,
Avec sa face de carnaval ;
Ça n'sent pas bon d'puis que tu *pale* ;
C'est ta grosseur abdoménale
Qui nous donne c'vilain régal.

UNE CAMARGO (d'une voix mâle)

Qu'il aille trouver m'sieur Gannal,
Ça ne lui fera pas de mal.

LE MARIN.

Attends, ma petite minette,
Si tu fais la coquette,
Je te vas passer un vinaigrette,
Pour te servir de cassolette.

LA CAMARGO.

Regardez donc, c'pauvre teulron
Avec son nez en tir'bouchon...........

— Ah ! Ah ! Ah ! — Une clameur s'élève ; c'est un énorme char précédé d'un drapeau, avec cette inscription : *vivent les badouillards !!!* — Le char passe au milieu d'un sabat monstre ; tous parlent à la fois, crient, beuglent. Puis d'autres chars avec d'autres drapeaux, *les enfants de la joie, les forts buveurs,* et enfin, *les chemisiers de Paris!*

Le soir est venu, chacun a dîné comme on dîne en carnaval, — ceux qui dînent. — Les cris recommencent et les rues rayonnent de feux étranges. Les masques, même les plus insignifiants, ont un aspect bizarre aux lueurs rougeâtres des torches, et leurs chants ont quelque chose d'indéfinissable; tous enfin paraissent s'être prédisposés, par de fréquentes libations, aux plaisirs de la nuit. Puis les passages se garnissent de curieux; c'est là que le carnaval s'est réfugié, jusqu'à ce que les bals ouvrent leurs deux battants pour l'engloutir; c'est là que ceux que leur position ou leur fortune empêche de carnavaliser, viennent se poster, pareils à ces petits savoyards qui vont s'asseoir à la porte des restaurateurs et mangent leur pain noir à la fumée des mets.

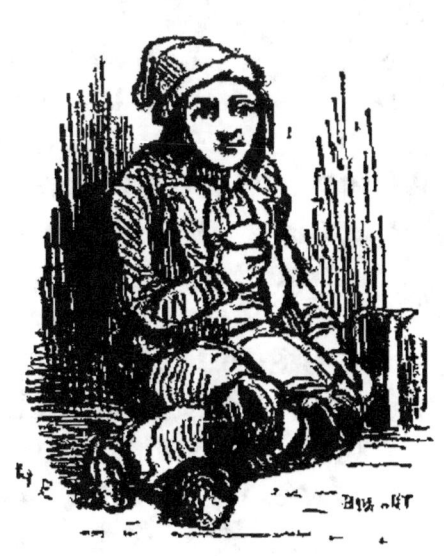

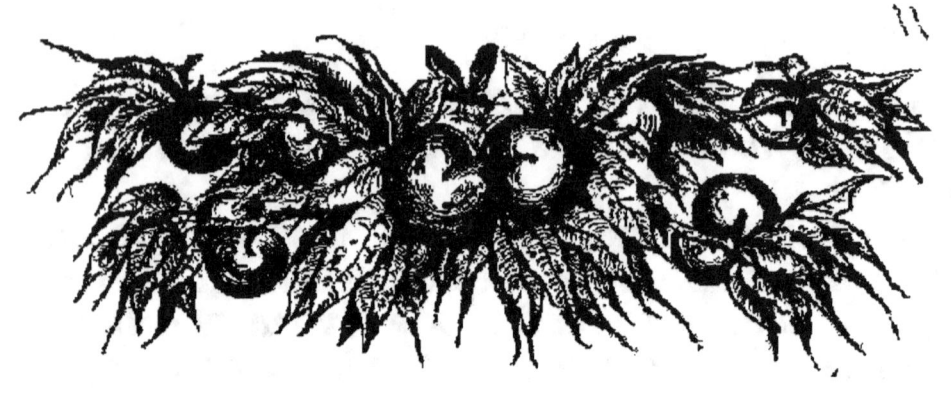

## VI.

### De quelques célébrités carnavalesques.

N nom bien cher au carnaval était, il y a quatre ou cinq ans, dans toutes les bouches : celui de lord S\*\*\*. Le joyeux viveur était de tous les écots ; on le voyait partout. Comme Protée aux mille formes, il changeait d'allure avec une rapidité tenant du prodige. Dans une même nuit, il parcourait tous les bals : on le croyait à l'Opéra, il était aux Variétés ; on le cherchait aux Variétés, il était à la Courtille, car l'infatigable prophète ne dédaignait pas les joies des petits et des humbles. Il allait partout, prêchant la folie par l'exemple, créant le plaisir d'un signe de sa tête puissante, et répandant l'or à pleines mains.

La gloire de Chicard n'est pas si pure. D'abord, il marcha sur les traces de son prédécesseur : il se fit une école. Entouré de ses élus, il mit la

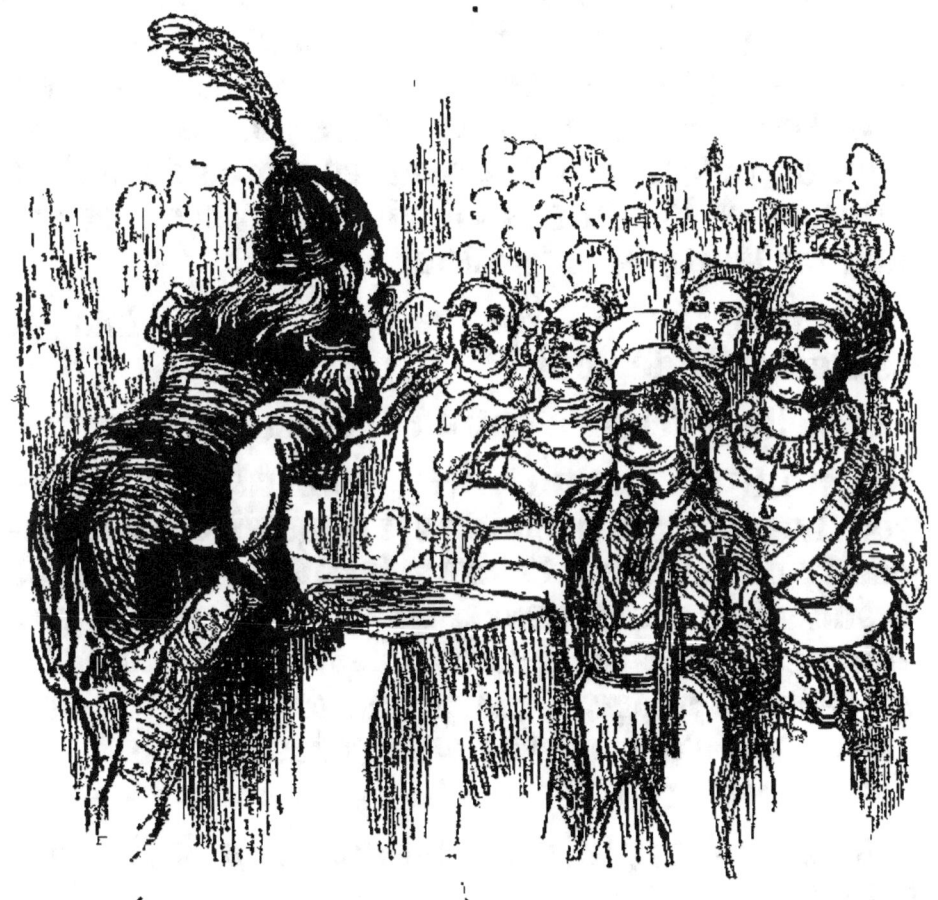

main à la grande œuvre carnavalesque, et, comme la Tour-d'Auvergne, il se contenta du nom glorieux de premier soldat du plaisir.

Alors, sa renommée fut grande !

Mais.....

Quand il se vit au faîte, il fut pris du vertige ;
L'orgueil le fit descendre au rang des potentats.

Plus de costumes délicieux d'extravagance ; plus de déguisements composés de toutes les défroques. Comme les rois persans, il s'enveloppa de sa dignité, s'enferma dans son palais, et ne se montra plus qu'à de rares intervalles à son peuple. Dans ces grandes occasions, on le voit, revêtu du paletot royal, traverser lentement le bal, jeter çà et là son coup-d'œil de maître, et animer les siens en leur disant :

— Courage ! — tout va bien ! — Soldats, je suis content de vous !

Quelle différence entre ces deux noms !

Lord S*** était un Dieu, Chicard n'est qu'un roi. Le nom du premier est populaire ; et le badaud, qui ne peut croire à la disparition de ce grand génie du carnaval, ne voit pas passer une voiture attelée de quatre chevaux, de laquelle partent des nuages de farine ou une grêle de dragées, sans s'écrier avec enthousiasme :

— C'est lord S*** !

Mais, hélas, le dieu lui-même a brisé son autel !

— Que deviendra le nom du second? — et qui peut savoir si, au moment où s'écrivent ces lignes, la royauté chicarde n'est pas au nombre des royautés disparues?

Une autre gloire populaire est celle de Musard. Comme César, ce héros de l'orchestre a déjà reçu quatre fois les honneurs du triomphe; il est entré dans sa Rome traînant à sa suite ses victimes nombreuses,.... des chaises brisées!

Que de triomphes l'attendent encore, et qui sait si demain on ne lui élèvera pas des statues!

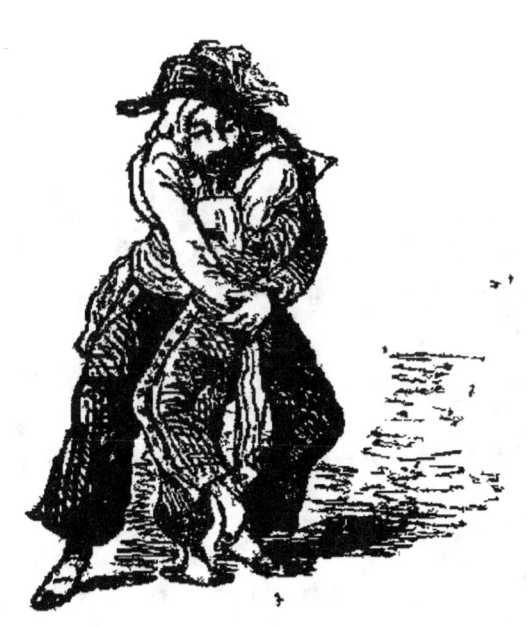

## VII.

### Les sociétés.

L e plaisir se double en se partageant.

Après avoir mûrement réfléchi sur ce dicton fort connu, quelques-uns des coureurs de bals masqués se sont écrié un beau matin :

— Parbleu, nous sommes bien bêtes ! Au lieu de nous livrer au plaisir chacun pour notre compte, réunissons-nous ; et, si nous sommes trois, nous rirons pour six ; si nous sommes cinquante, nous nous amuserons pour cent.

Le calcul parut juste : la première société fut formée. — Il y en eut bientôt dix.

Chacune prit un nom étrange et significatif : — *les badouillards, les flambards, les braillards, les balochards*, etc.

Mais, il faut justifier son nom, que diable !

Et pour cela, que font-ils ? — Parbleu, c'est tout simple : — les badouillards *badouillent*;

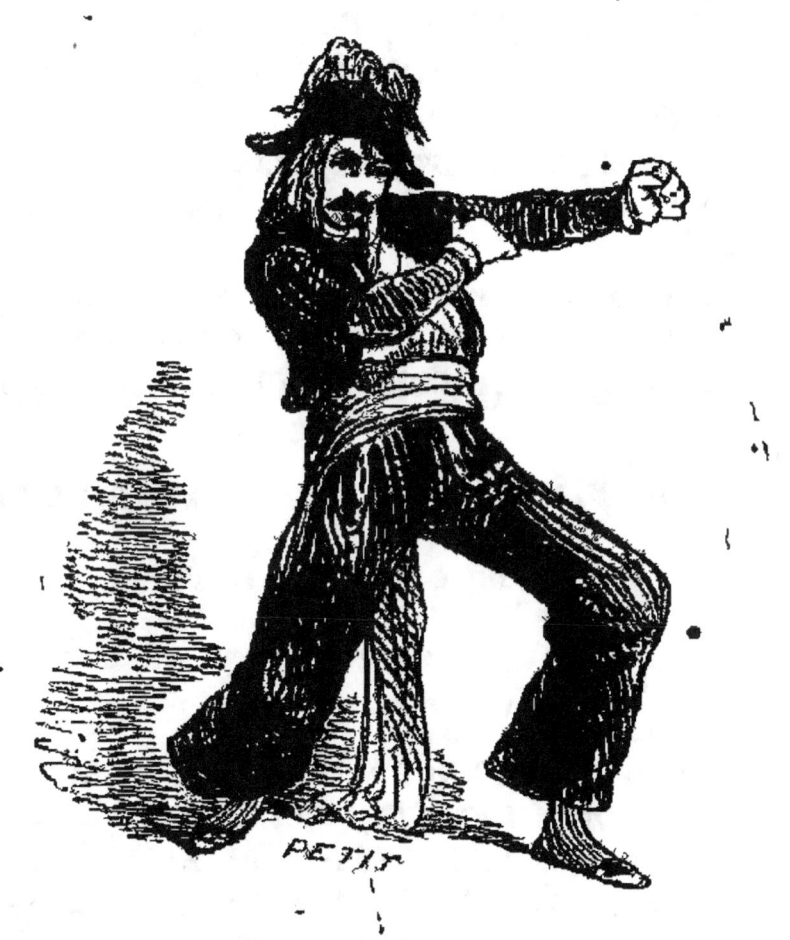

les flambards *flambent*, — avec ce cri de guerre :

chaud ! chaud ! — les braillards *braillent* ; les balochards *balochent*.

Vous ne comprenez pas, dites-vous ? — Eh bien, cela veut dire, en bon français, qu'ils font les folies les plus extravagantes, se permettent de nombreuses impertinences, se jettent au milieu de tout plaisir, et se retirent en se disant :

— Nous sommes grands, parce que nous sommes forts.

Faux ! archi-faux ! J'aimerais mieux :

— Nous sommes forts, parce que nous sommes grands.

N'allez pas croire, cependant, que ces sociétés soient sans mœurs et sans lois. — Elles ont des lois !

On nous communique à l'instant la charte des badouillards, et nous nous empressons de la reproduire ici, en conservant le texte original.

## GRANDE CHARTE DES BADOUILLARDS,

### rédigée au milieu de l'orgie

#### PAR TOUTE LA NATION ASSEMBLÉE.

Nous, vénérables enfants de la badouillarderie, à tous noceurs, gobichonneurs, cancaneurs, baleurs et archi-baleurs : salut, cancan sans *violon* ; bon vin sans *malaise* ; amour sans *remords*. Savoir faisons, avons octroyé et octroyons la charte suivante :

## Art. 1er.

Tous les badouillards sont égaux devant la noce.

## Art. 2.

Tout badouillard qui ne sera pas ivre en entrant au bal sera privé de ses droits civils.

## Art. 3.

La société se reconnaît à elle seule le droit de s'amuser au bal.

## Art. 4.

Tout aspirant à la badouillarderie devra subir un examen, et ne sera admis que s'il est reconnu *gobichonneur*, qualité indispensable.

## Art. 5.

Les femmes ne seront admises dans la société qu'aux conditions suivantes :

### Conditions d'admission pour les dames.

#### § 1er.

La badouillarde ne sera pas forcée d'exhiber un certificat de bonne vie et mœurs.

#### § 2.

Elle devra présenter un certificat constatant qu'elle a été vaccinée ou qu'elle a eu au moins une fois la petite vérole.

### § 3.

Tôute badouillarde devra prouver à la société réunie que, des pieds à la tête, elle ne possède aucune infirmité.

### Art. 6.

Le cancan est généralement reconnu pour la danse des badouillards, qui devront travailler à l'embellir.

### Art. 7.

Les membres de la société devront se soutenir mutuellement dans les querelles, et recevoir des coups de poing les uns pour les autres s'il y a lieu.

### Art. 8 et dernier.

Ils devront contribuer de tout leur pouvoir à la gloire de la société et à l'illustration du nom commun.

*Au palais de la noce.*

> Donné au milieu de la nuit,
> L'an mil huit cent avec trente-huit,
> A deux heures et même plus tard,
> Et quand chacun était pochard.

*Signé, le président :*
DE PORC-EN-TRUIE.

*Par ampliation, le secrétaire :*
BIRIBI, dit LA MORT AUX BELLES.

C'est une grande affaire pour une société que de se choisir un nom !

J'ai connu de charmants garçons, sortis tout fraîchement du collége, qui s'étaient mis en tête de former une société de viveurs. Pourquoi pas ?

La valeur n'attend pas le nombre des années.

C'étaient des jeunes gens riches : les premiers fonds furent bientôt faits ; il ne fut plus question que de se donner un nom. Le grand conseil s'assemble : on discute, on crie, l'on boit, l'on fume, et le nom n'est pas trouvé.

Enfin, un d'eux se lève :

— Par la sambleu ! dit-il en se donnant des allures de roué, j'ai trouvé notre nom...

— Voyons ! voyons ! s'écrie-t-on de toutes parts.

— Les *philobals* !... Hein ?... qu'en dites-vous, mes maîtres ? Tiré du grec, rien que cela !... *Philos*, ami... ami des bals.

— Divin ! charmant ! mirobolant !

Le nom est adopté. — Ces réthoriciens mettent du rudiment dans tout. — Il faut l'illustrer maintenant, et chacun se promet d'y travailler au premier bal. Ils prennent tous un costume pareil, et écrivent l'ingénieuse dénomination sur leur chapeau.

Leur entrée produit le plus grand effet. Bientôt ils sont accablés de questions, ce qui leur procure l'agrément de faire valoir leur science...

— C'est tiré du grec, mademoiselle ; cela veut
dire : ami des bals... *Philos*, ami ; génitif :
*philou.....*

Le malheureux génitif, répété plus de cinq
cents fois par chacun, attire sur nos philobals les
regards d'une police éclairée..... mais qui n'est
pas forcée de savoir le grec. Cependant, un
d'eux veut illustrer la société par un coup d'éclat.

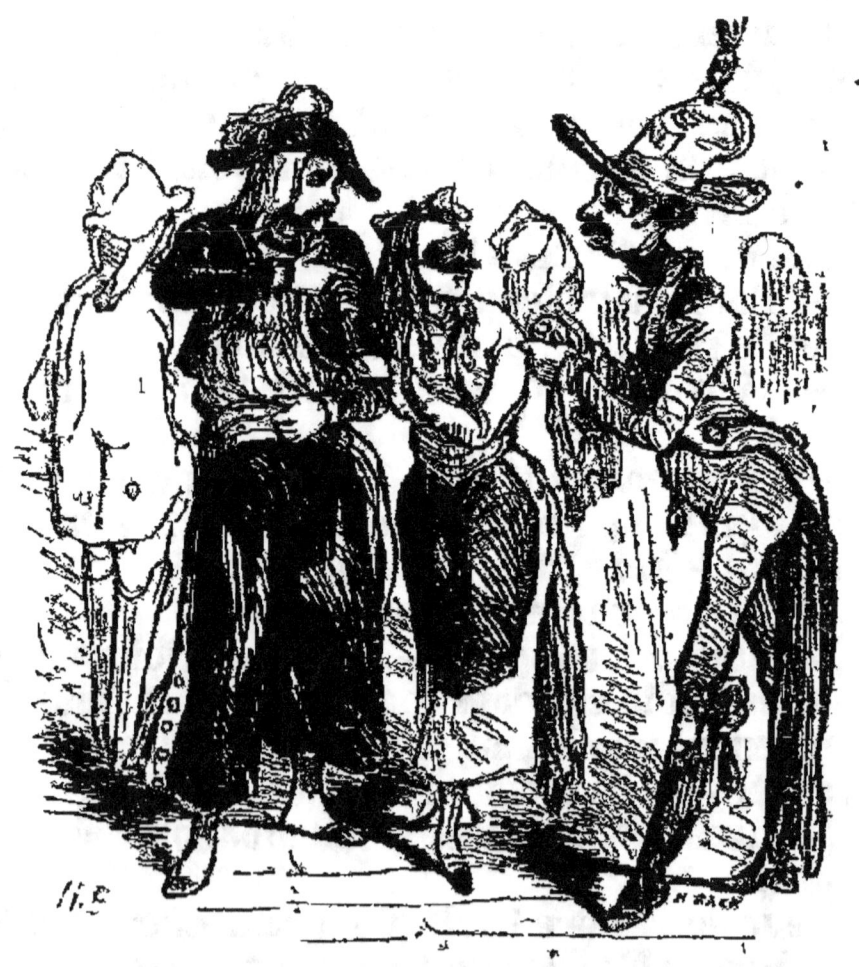

Il avise un débardeur femelle des plus coquets,

air déluré ; il s'avance hardiment, et lui prend un bras, sans se soucier d'un débardeur mâle qui tenait l'autre.

— Joli débardeur, je veux danser avec toi, ou je fais un malheur.

— Retenez donc c't hanneton, il va casser quelque chose, reprend le possesseur de l'autre bras. Dis donc, monsieur, est-ce que tu ne vois pas que je suis là ?

— Qu'est-ce que ça me fait ;... je veux danser avec elle. Je suis philobal, que diable !

— Ah ! c'est différent ;... il est philobal.... Eh bien, cadet, *file au bal*, et promptement, ou je te sers quelque chose... sans bain de pied !

Le mot fait rire ; il passe de bouche en bouche, et bientôt la superbe, la scientifique dénomination devient si ridicule, que les membres, éperdus, prennent la fuite au milieu des éclats de rire.

De ce jour, il ne fut plus question entre eux de société.

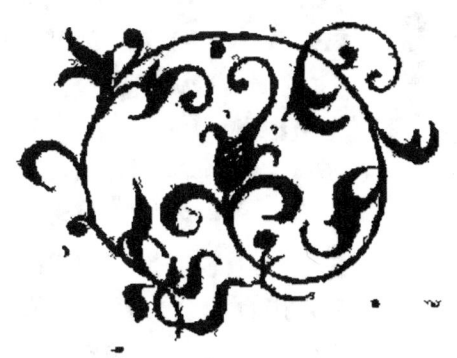

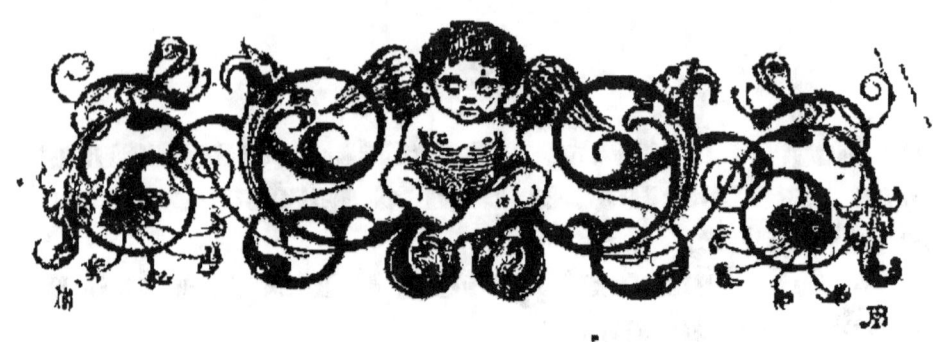

## VIII.

### Le choix du costume.

ᴅᴇᴍᴀɪɴ, je vais au bal, mon cher; il faut que je choisisse un costume, voulez-vous me prêter les conseils de votre goût?

— Volontiers... Où allons-nous?

— Chez Sanctus.

— Bravo! Sanctus est l'égal de Babin; c'est le costumier superlatif, il devrait s'appeler *Sanctissimus*. — Venez. —

Savez-vous, mon cher, que vous allez faire un

des actes les plus importants de la vie de carnaval? — Vous choisir un costume ! — Mais c'est de là que dépendent vos plaisirs de la nuit, vos succès, vos conquêtes.

Et d'abord, gardez-vous de ces costumes brillants, dans lesquels on n'ose remuer de peur d'en déranger la symétrie, de ces travestissements si lourds, que c'est déjà un travail que de les porter. J'ai vu des Arméniens, des Turcs, des Chinois superbes, dorés sur toutes les coutures, qui bâillaient à se démonter la mâchoire, malgré l'or de leurs habits. Ces costumes sont froids et repoussent le plaisir.

Parlez-moi du débardeur ! — Voilà un costume ! Les viveurs n'en connaissent pas d'autres. On est à l'aise sous ce travestissement, le cancan paraît facile, il semble couler de source. Il y a bien encore *le postillon*, *le hussard* ; mais ces culottes collantes ne conviennent pas à tout le monde : n'a pas des mollets qui veut, c'est-à-dire n'a pas des mollets qui peut. Et à ce propos nous vous donnons l'adresse d'un grand réparateur de *torts* : Michaud, bonnetier, fournit mollets, hanches et tout ce qui concerne son état. Demandez à M<sup>elle</sup> S**, charmante actrice... quant au talent. — Aimez-vous mieux un *garde française ?* — Il n'est plus question de M<sup>elle</sup> S**. — Ou bien un *perruquier régence ?* Soit ! Mais, prenez garde, vous aurez l'air d'une gravure animée, cela sent la Mode d'une lieue. Il faut du laisser-aller quand on veut plaire.

La perruque poudrée, qui est le complément de tous ces costumes, donne un certain air libertin, une allure carnavalesque tout-à-fait avenante.

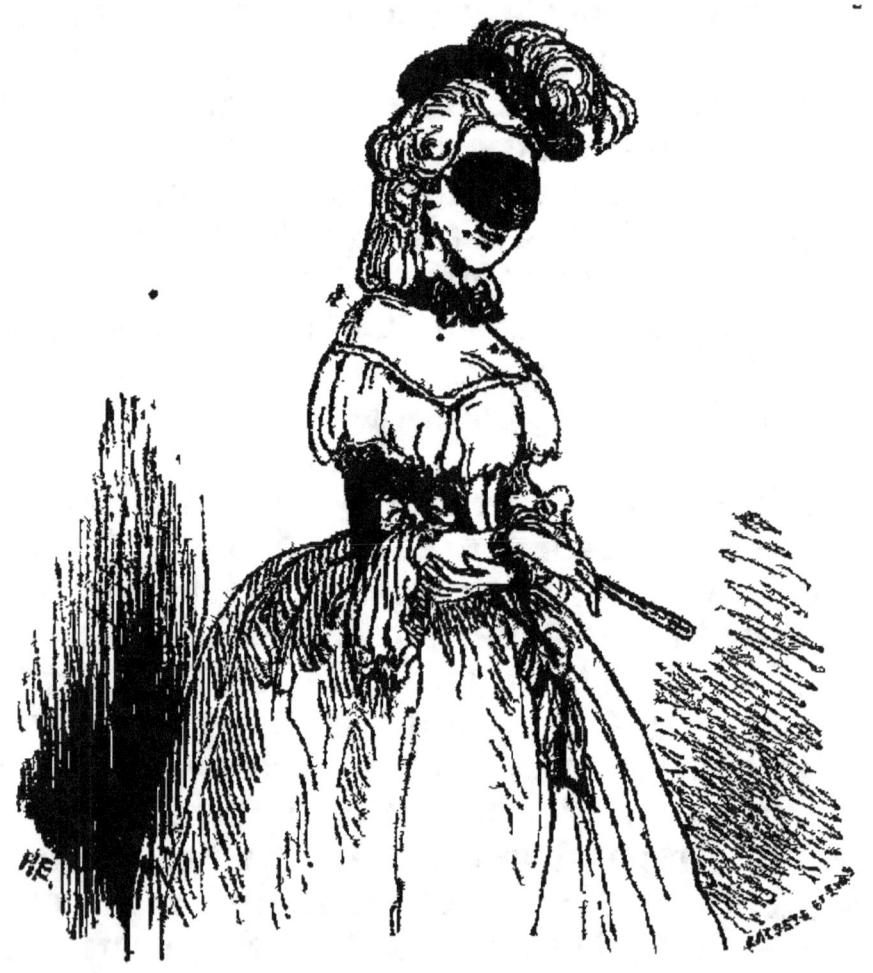

La poudre sied à tous, aux femmes surtout. Faire valoir la peau, donner du mordant aux yeux, du relief à la figure, voilà les mérites de la poudre, mon cher.

— Peste ! vous avez étudié le costume à fond, à ce qu'il paraît. Eh bien, puisque vous êtes en train, que pensez-vous du *paillasse*?

— Fi ! ne me parlez pas de cela, mon bon ;

costume de nouveau débarqué. — Roi détrôné,
— Le *Robert-Macaire?*

— Commun. On en voit tant toute l'année !

— Quoi donc, enfin ?

— Mais vous avez encore une mine féconde à
exploiter, celle des costumes sans nom. Avec des
loques bien arrangées, on peut se faire un travestissement délicieux. Demandez aux artistes :

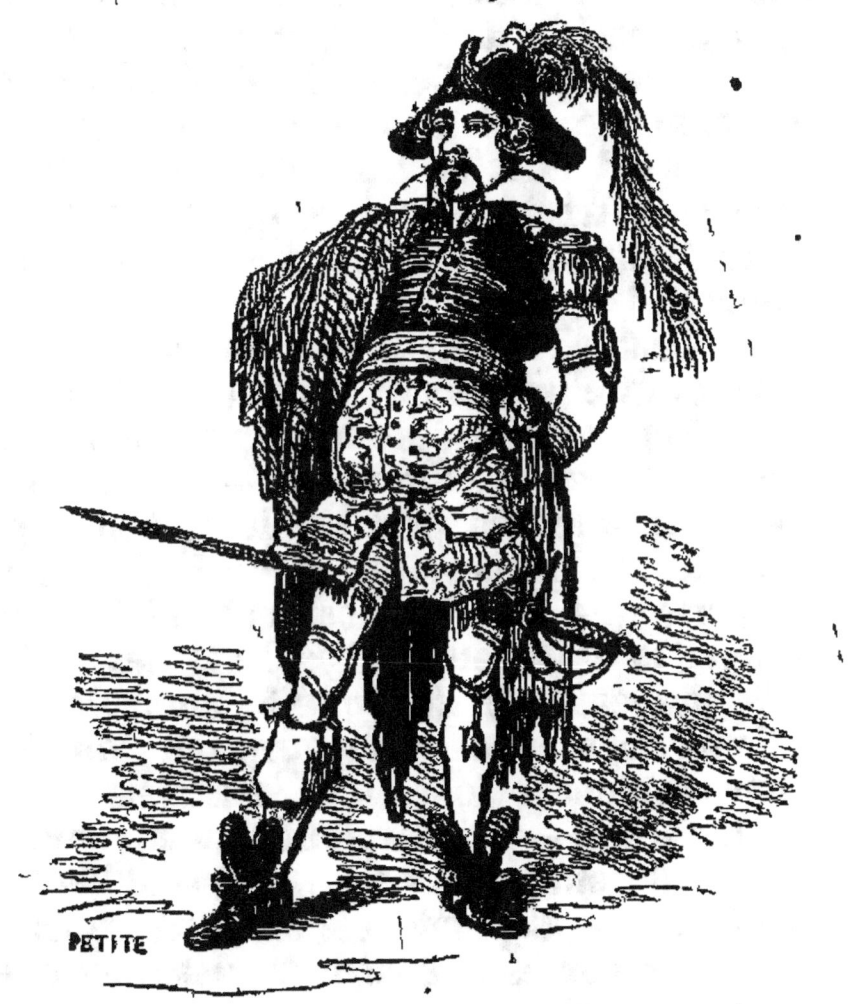

PETITE

mais il faut de l'esprit, sous peine de paraître stupide. Tenez; j'ai vu, il y a quelque temps, un monsieur déguisé en *buisson de roses ;* — vous figurez-vous un homme en buisson de roses ? Des guirlandes le couvraient du haut en bas, ses pieds et ses mains étaient cachés sous les fleurs, et il portait deux masques surmontés de feuilles vertes, de telle sorte que l'on ne savait de quelle côté lui parler, dans la crainte de ne pas s'adresser à une figure. Certes l'idée était bouffonne ; eh bien ! le croiriez-vous ? Il n'y avait pas une heure qu'il était au bal, qu'il s'ennuyait horriblement, triste comme ce qui reste de la rose quand elle a perdu ses feuilles. — Voilà un exemple !

— Diable ! Mais, à vous entendre, c'est une affaire, que le choix d'un costume.

— Une affaire très-importante, et qui occupe bien des gens en ce moment. — Voyez-vous cette petite femme qui traverse le ruisseau, pressée comme un négociant qui se rend à la bourse ? — Je parie que c'est un costume qui lui trotte en tête et la fait trotter. C'est une des actions les plus graves de la vie d'une femme : dès les premiers coups d'archet du carnaval, tous les chiffons revoient le jour, leur existence est remise en question. — On ferait une guimpe avec ceci, une collerette avec cela, — un tablier avec ce morceau. — Cependant le choix n'est pas difficile pour ces dames : débardeur, débardeur, et toujours débardeur.

C'est notre spirituelle Déjazet qui a fait la vogue de ce costume ; le Cadet Butteux des *chansons de Désaugiers*, pièce jouée au Palais-Royal, a enfanté le débardeur pour la grande jubilation

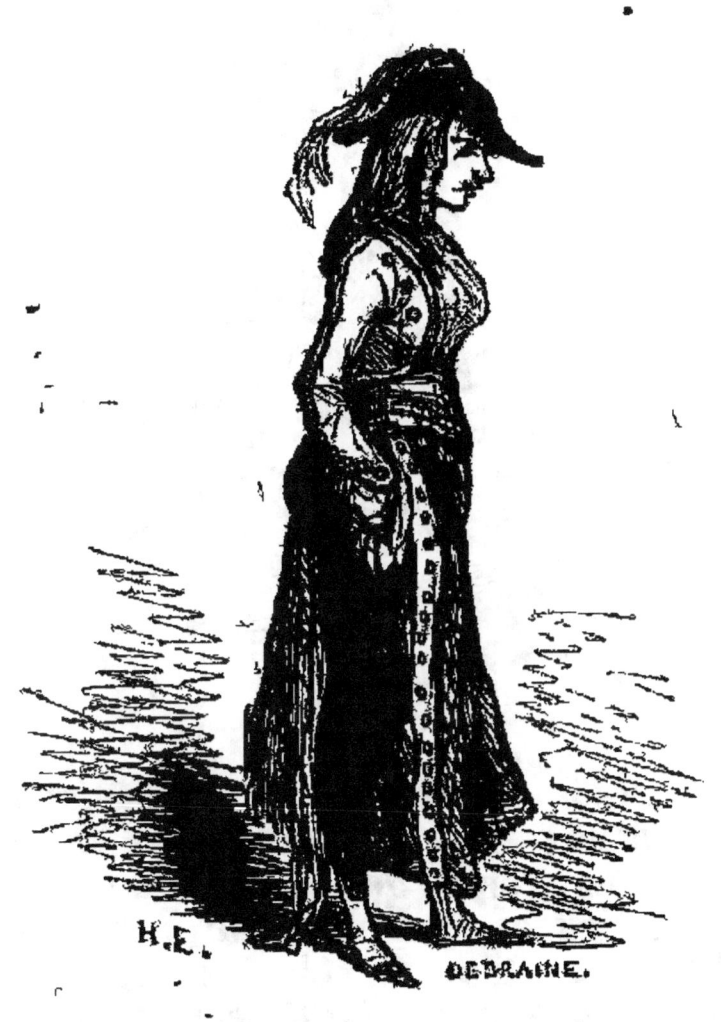

H.E.

DEBRAINE.

des marchands de velours. — Tant pis, disent les flâneurs de bals masqués, les *camargos*, les *laitières*, les *paysannes*, tous ces costumes décolletés faisaient valoir une belle poitrine.

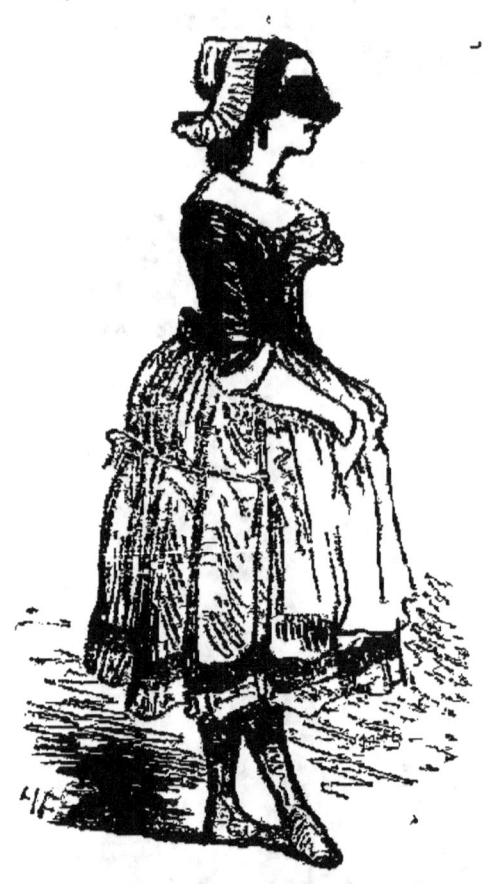

Que de trésors nous apercevions en flânant ! A bas
le débardeur !—Eh ! messieurs les libertins, vous
êtes injustes, car ce que vous perdez d'un côté
vous le regagnez bien de l'autre.... Mais nous
voici chez Sanctus, mon cher ; entrons-nous ?

— Je n'entre pas. Décidément j'adopte le costume que vous appelez *costume sans nom.*

— Ah ! ah ! vous comptez sur votre esprit, à ce
qu'il paraît ?

— Eh ! mais, je crois en avoir... un peu...

— Allons ! allons ! c'est la foi qui sauve !

## IX.

### Le catéchisme poissard.

OUVEAU *Catéchisme poissard, ou manière de s'amuser en société; deux feuilles d'impression. — La voilà pour deux sous!*

La voix enrouée des canards chante ce refrain à tous les coins de rue, et l'acheteur ne vient pas. C'est qu'aussi le *nouveau Catéchisme poissard* est nouveau depuis bien long-temps. Ces canards sont d'une maladresse! Il ne s'agirait que de rafraîchir un peu

le titre, et cela s'achèterait comme du pain : il y
a bien d'autres vieilleries rhabillées que l'on vend
pour du neuf. — Le métier de marchand d'habits-
galons n'est pas si bête que l'on pense.

Silence, voici un chaland. — C'est un béotien
pur sang et revenant de l'autre monde. Il va au
bal le lendemain, déguisé en paillasse ; sa maîtresse sera vêtue en bergère ; il faut bien qu'il ait
quelque chose à dire.

Tire tes deux sous, mon bonhomme, prends

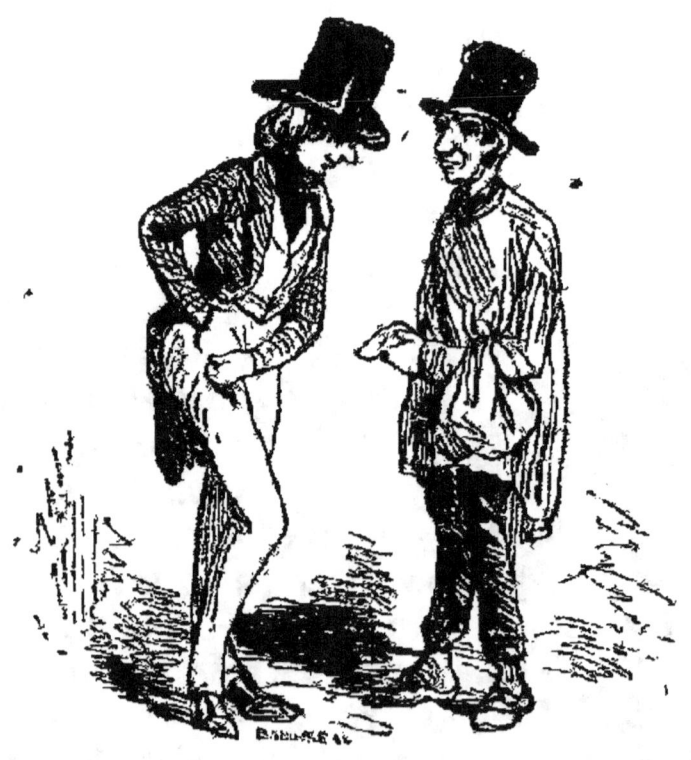

le Catéchisme poissard, rentre chez toi, passe
la nuit à apprendre ton rôle, et prie ta belle de
le faire répéter. — Bien du plaisir ! — Et si de-

main quelque bon diable t'entreprend , tâche de
ne pas chercher trop long-temps ta réplique.

Quant à nous, point de Catéchisme poissard !
Fions-nous à notre verve ! — Qui n'en a pas
quand il est monté par le Champagne, excité par
les jolies femmes, étourdi par le bruit , électrisé
par le cancan ?

L'esprit national est là , que diable !

Ce n'est pas pour rien que nous avons dit de
nous-mêmes :

Le Français, né malin, créa le vaudeville.

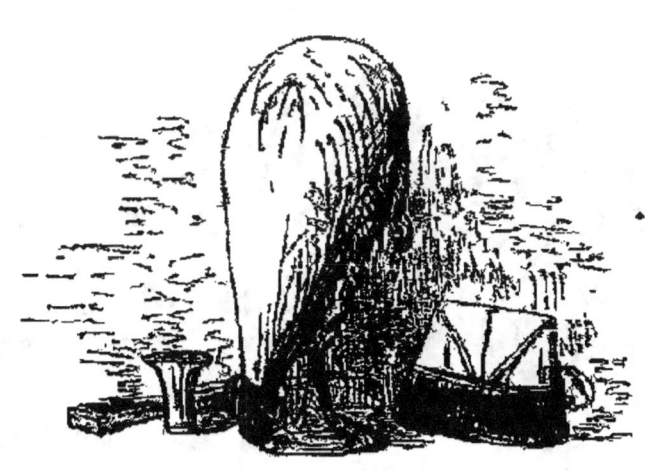

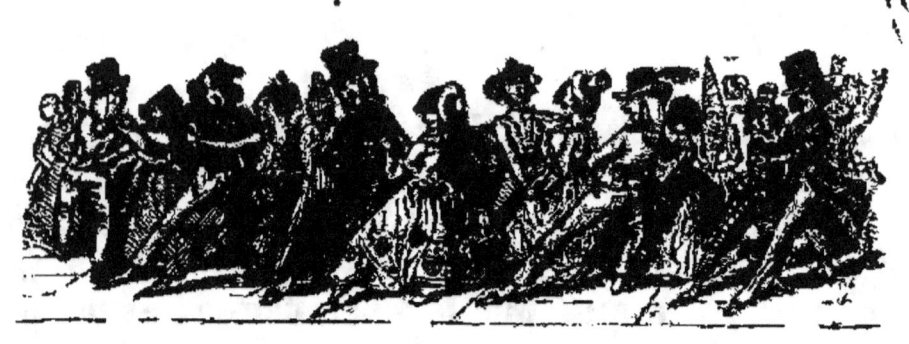

## X.

### Bals.

H ! enfin ! — Nous voici arrivés au grand acte *carnavalin*.

Des bals ! des bals ! Tout le monde en veut. C'est à qui donnera le sien.

Le banquier dans son salon doré,

Le lion dans son antre,

Le marchand dans sa boutique,

La grisette dans sa mansarde,

Et les *rats* dans leurs greniers.

Tout donne bal, festival, régal. — Vive le carnaval !

Moment d'ivresse !

On voit tout danser autour de soi.

Qui que vous soyez ; — riches ou pauvres, jeunes ou vieux, fous ou sages, — méfiez-vous des *bals par souscription.*

Vous donnez vos dix francs. — Bon ! — Il y aura un souper. — Encore mieux ! Et vous serez volés : — Ah, diable !

Une réunion de gens qui se connaissent à peine, ce n'est ni un bal particulier ni un bal public. — Chacun est là pour son argent, chacun veut s'amuser à sa manière. Les commissaires du bal, avec leurs insignes, vont, viennent, sont partout, se mêlent de tout et font des querelles de tout.

— Commissaire... allez donc, il y a un ours qui touche aux rafraîchissements !

— Tiens ! J'ai payé pour boire... et j'ai soif...

— Mais... monsieur... cependant... — Première dispute.

— Commissaire, — c'est une dame qui parle en pinçant les lèvres, — je ne peux pas voir danser comme ça... Pour qui nous prend-on ?

— Monsieur, on ne *cancanne* pas ici ; vous faites la *chaloupe*, et c'est une des variétés du cancan. Nous ne le souffrirons pas.

— Tiens !... faut-il pas se gêner ?... — Merci !
— Deuxième dispute.

Le souper paraît, mais il ne fait que paraître.
A de quoi souper qui peut. — Tout à la pointe de
l'épée. Quel gaspillage !

— Commissaire, par ici ! — Commissaire, par
là ! — Commissaire, pour une dame ! — Mais,

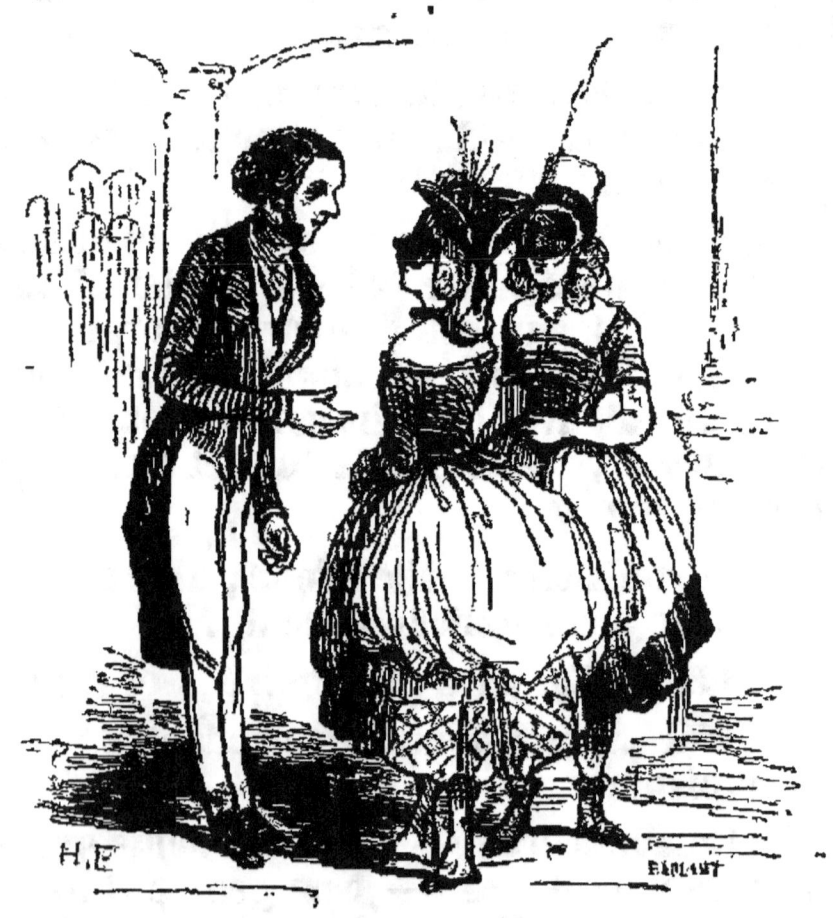

que diable, commissaire, nous n'avons rien !

Pauvre commissaire !

Les accapareurs du souper sont pleins ; ils crient.

— Ohé, les amis, un cancan monstre pour régaler la société, et si les commissaires nous embêtent, enlevons-les !

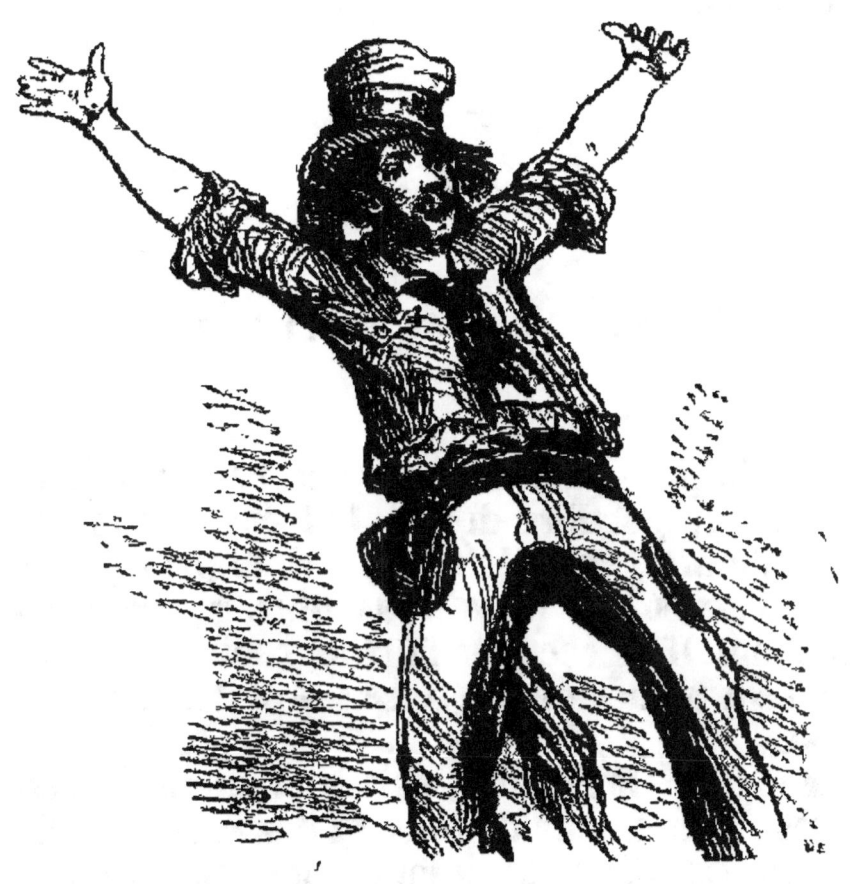

— Vous ne danserez pas !

— Nous danserons !

— Pourquoi donc se gêner? Le bédouin danse bien devant les chameaux.

— A la porte ! à la porte !—C'est une horreur.

une indignité ! — Mon châle ! — Mon chapeau !
— Partons ! partons ! — Ah ! ah ! Pif ! pouf ! paf-
— Charles ! — Eugène ! Ernest ! — Ne te mêle
pas de ça ! — Pif ! pouf ! — Mon mari ! — Mon
amant ! — Mon frère ! — Ah ! ah !

Cris, mêlée, *tapage* général : et tout finit par
des coups de poing.

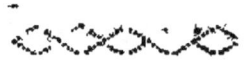

## LE BAL DE LA PORTIÈRE.

Bien obligé ! — J'aime mieux le bal de la portière ; car la portière donne bal aussi, dans sa
loge. Témoin, cette lettre d'invitation trouvée
dans la rue et que nous vous offrons, en nous
permettant d'en rectifier l'orthographe. Elle est
adressée à mademoiselle Rose ;—et il y a deux s
à Rose.

« Madame Bonichard, suisse, rue des Deux-
»Portes, a l'honneur de vous inviter au bal qu'elle
»donnera ce soir dans sa loge, pendant que son
»monstre d'homme sera en train de *s'ivrer* à la
»barrière. Vous êtes priée d'apporter de chez vos
»bourgeois tout ce qu'il y aura de mangeable,
»et deux chandelles des six pour contribuer au
»lustre de la soirée. On sera reçu masqué et non

« masqué. Popole sera déguisé en voltigeur de la
» nationale. »

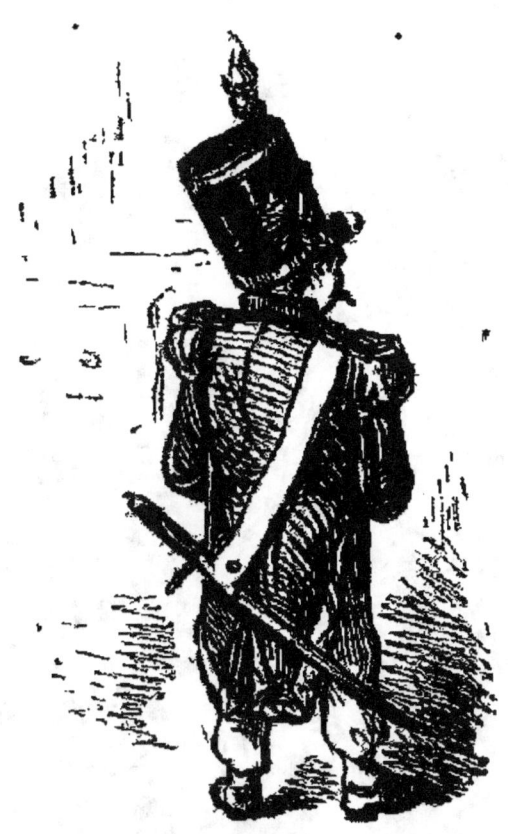

« P. S. — On est prié de gratter ses pieds au
» décrottoir, et d'apporter sa fourchette pour le
» souper. »

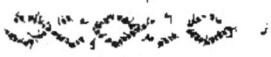

## LE BAL DU MONDE.

De la loge, montons au premier. Bal encore
chez le banquier.

**Soirée ordinaire. — Pas plus de laisser-aller, pas moins d'étiquette.**

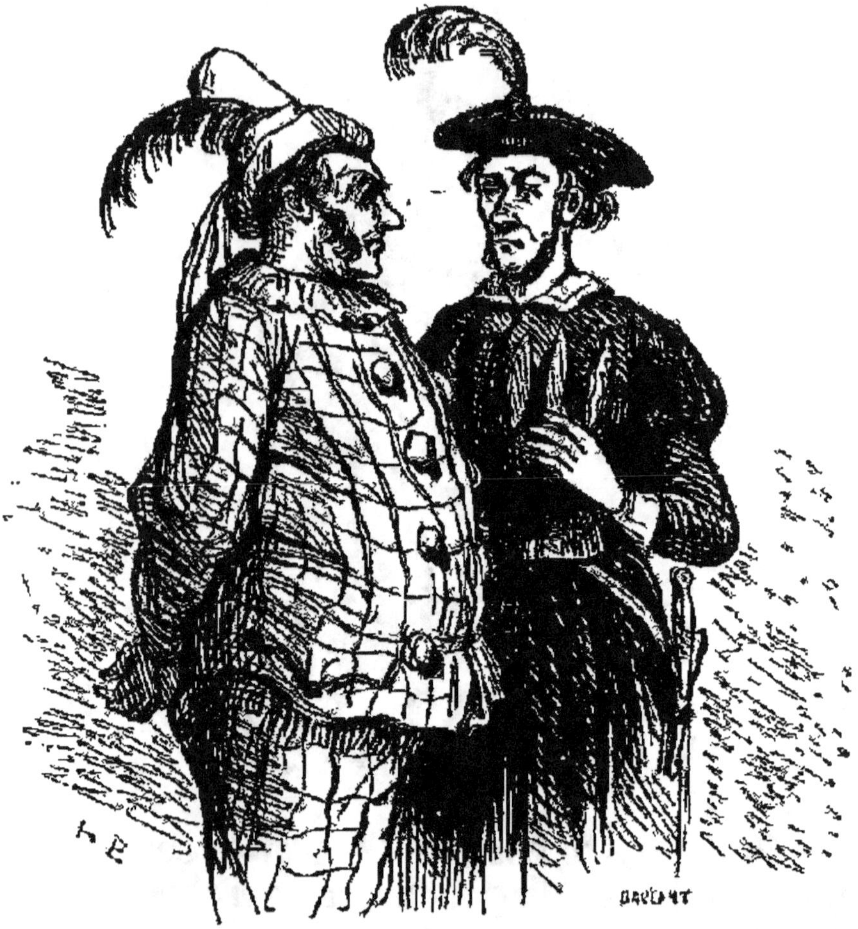

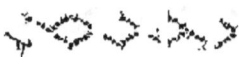

Et dans un coin, deux diplomates, qui se sont déguisés pour parler politique.

Ce n'était pas la peine !

## LE BAL BOURGEOIS.

Un étage de plus. — Nous sommes chez un rentier. Ses voisins le traitent de prodigue, de voluptueux ; c'est le Sardanapale des bourgeois.

Il donne bal ; — et bal costumé !

C'est un excès ; mais sa chaste moitié aura soin qu'il ne soit pas poussé jusqu'au scandale. Elle supprime impitoyablement toute espèce de galop ; et ce n'est qu'à grand-peine, et en considération du carnaval, qu'elle condescend à permettre une *boulangère* : encore aurait-elle voulu y substituer le *menuet.*

Là, tous les costumes sont essentiellement moraux, la décence y est observée outre mesure.

Un malencontreux invité se présente en sauvage.—Des cris de pudeur partent de tous côtés :

— O ciel ! — quelle horreur ! — quinquets, éteignez-vous ! — bougies, soufflez-vous ! — on n'ose lever les yeux !

La maîtresse de la maison prend son mari à partie.

— C'est une abomination, monsieur ! comment avez-vous pu inviter un homme aussi dépravé ?

Le bourgeois s'approche du sauvage, encore

tout ému de l'effet qu'il vient de produire ; il l'en-

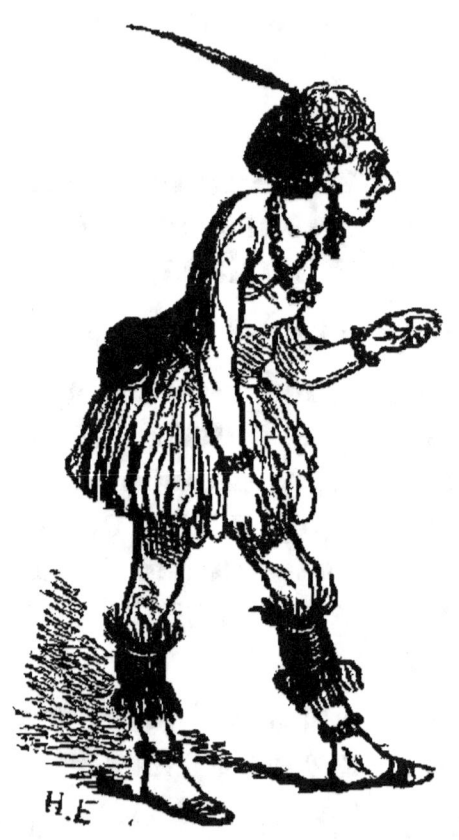

traîne dans un coin, et lui fait subir un examen
minutieux ; après quoi, il revient auprès de sa pu-
dique épouse :

— Tu t'es effrayée à tort, bibiche, la décence
n'est pas offensée : — il a un maillot,

— C'est égal, monsieur, c'est horrible à voir...
cela fait venir des idées.....

—Eh bien ! eh bien ! ne te fâche pas. Il va se

mettre à une table de bouillotte et ne la quittera pas de la nuit !

Habillez-vous donc en sauvage pour faire la bouillotte toute une nuit !

Vive la morale ! — Mais l'excès, en tout, est un défaut.

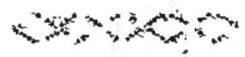

### LE BAL D'ARTISTES.

Encore un proverbe : les extrêmes se touchent.

Après le bal pudibond, le bal effréné ; après la décence, l'orgie ; après le bal bourgeois, le bal d'artistes. — Le tableau change.

Nous sommes dans l'atelier d'un peintre que je ne vous nommerai pas ; — vous devinerez si vous pouvez. — Tout est prêt pour recevoir les élus du plaisir ; les billets d'invitation portaient ce post-scriptum : *une mise indécente est de rigueur, chacun apportera son plat et le plus de liquide possible.*

*Entrée des personnages.*

Un charbonnier. — La vérité du costume est observée. — Plat : — Une crème au chocolat dans un vase qui ne sert pas ordinairement à cet usage.

Un boulanger. — Une jaquette seulement ; du reste, un vrai sans culottes ; il n'aurait pu subir l'examen du bourgeois. — Plat : — un hareng saure et un pot de moutarde.

Un amour. — Grand gaillard de six pieds ; ses

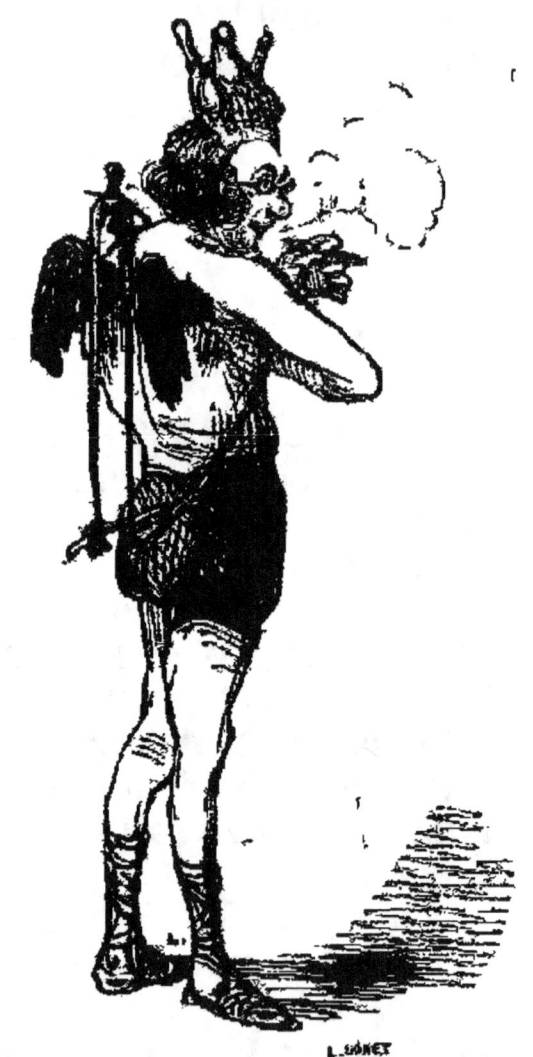

jambes et ses bras ont l'air d'avoir été dérobés à un cotret ; deux ailes de dindon. — Plat ; — Une moitié de dindon, qu'il porte sur sa tête en guise de bonnet d'évêque.

Un troubadour. — Costume de barrière ; un

verrou de porte pour bouton de chemise ; un tire-botte en guise de guitare. — Plat : — quelque chose recouvert de non-pareille, orné de dessins, et qui a l'air très-friand. On le porte du côté des dames ; une des plus *chattes* se précipite dessus, et recule en se prenant le nez : — c'est un fromage de brie qui pourrait tenir sa place au conseil des anciens.

Les invités continuent à entrer : c'est un sau-

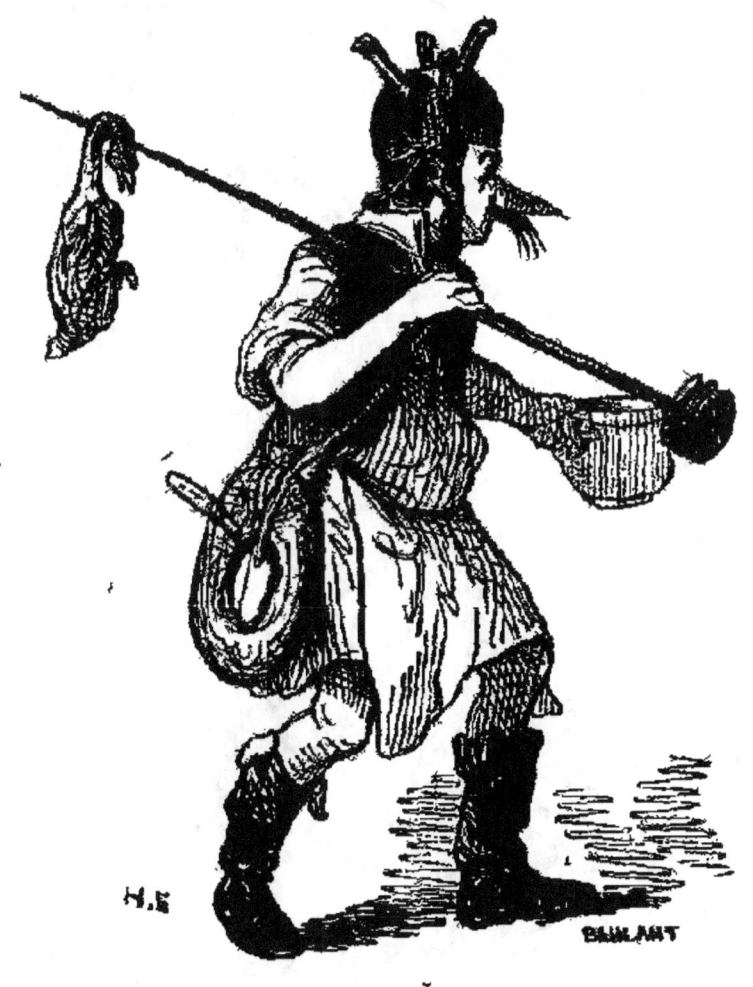

vage avec des bottes à revers et un faux-col, qui

porte une écharpe de boudins cuits en bandou-
lière, etc., etc. — L'amphytrion, recouvert de
la défroque d'un croque-mort, reçoit son monde
*gaîment*; et bientôt le buffet est garni, car tous
n'ont pas apporté des fromages, des harengs sau-
res et des pots de moutarde.

Les paniers de vin encombrent l'atelier ; on
est au complet, et bientôt une acclamation gigan-
tesque, suivie d'une gigue exécutée à grands coups
de talons de botte, est le signal du branle-bas.

On frappe à la porte; c'est le propriétaire, qui
vient se plaindre du bruit.

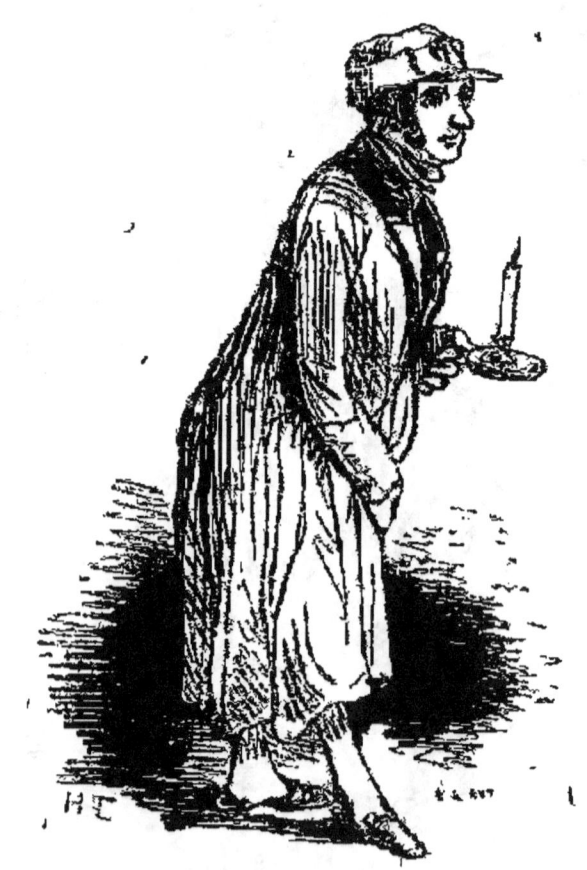

— Ah! le propriétaire! — entrez donc, je vous

en prie, — prenez donc la peine de vous asseoir.

— Mais, messieurs..., c'est inconvenant...; je donnerai congé.

Ah ! — c'est différent ! Diable ! le propriétaire donnera congé.

Et tous vont chercher des sabots, et se livrent aux charmes du galop munis de cette légère chaussure.

Charivari général ! — Hommage d'un locataire à son propriétaire.

A propos, je ne vous ai pas parlé des dames. — Je m'en abstiens, j'aurais peur d'être encore trop loin de ce qu'elles méritent.

Les bouteilles sont entamées : du vin, de l'eau-de-vie, des liqueurs, tout cela se boit, pêle-mêle, au hasard. On danse ; sur les pieds d'abord, puis sur les mains, puis sur la tête.

Grand pas de deux, exécuté par deux hommes d'esprit, qui l'ont perdu.

Voilà le souper ! — Gare là-dessous ! — Mastication universelle.

C'est fini. — La grande danse des plats !

On monte sur la table : — En avant deux, au milieu de la vaisselle ! La queue du chat ! — jusqu'à ce que la table casse et roule au milieu des hommes, des femmes, des restants de pâtés, des débris d'assiettes, des lambeaux de vêtements, et de tout ce qui peut se trouver à terre.

Bousculade atroce ! — Déchirures sans nombre. — On *satinise* la vie, quoi !

. . . . . . . . . . . . . . . . . . . . . . . . . . . . . .

Je suis encore forcé de vous laisser deviner la suite.

## LE BAL CHICARD.

### Problème.

Le bal d'artiste étant donné, trouver le bal chicard.

### Solution.

Le bal d'artiste — la qualité d'artiste $+$ la prétention à faire parler de soi $=$ le bal chicard.

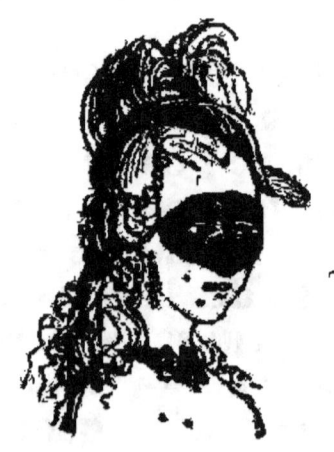

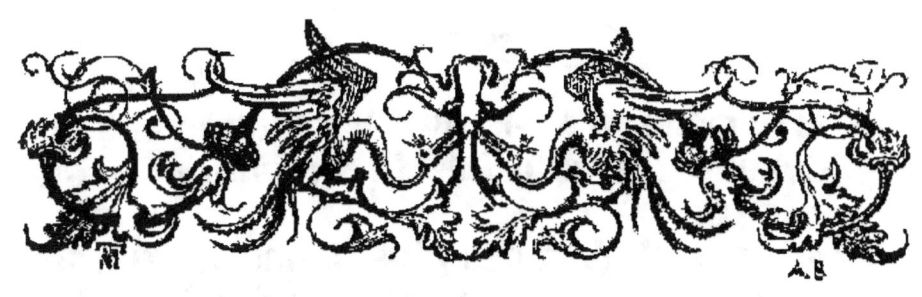

## XI.

Du cancan et de mademoiselle Fanny Essler.

L y a cancan et cancan, c'est vrai ; mais le cancan est partout.

Que fait mademoiselle Fanny Essler à l'Opéra? — Elle danse le cancan ; elle danse même quelque chose de plus cancan que le cancan lui-même.

La Cachucha peut, comme un certain monarchiste, se vanter d'être plus royaliste que le roi. Pauvre victime de la persécution ! — Que de

attes le cancan n'a-t-il pas à soutenir chaque
our? Comme les autorités le *violonnent* à qui
iieux mieux!

Et pourtant il n'est pas plus immoral que ses
leux sœurs, la cracovienne et la cachucha.—Di-

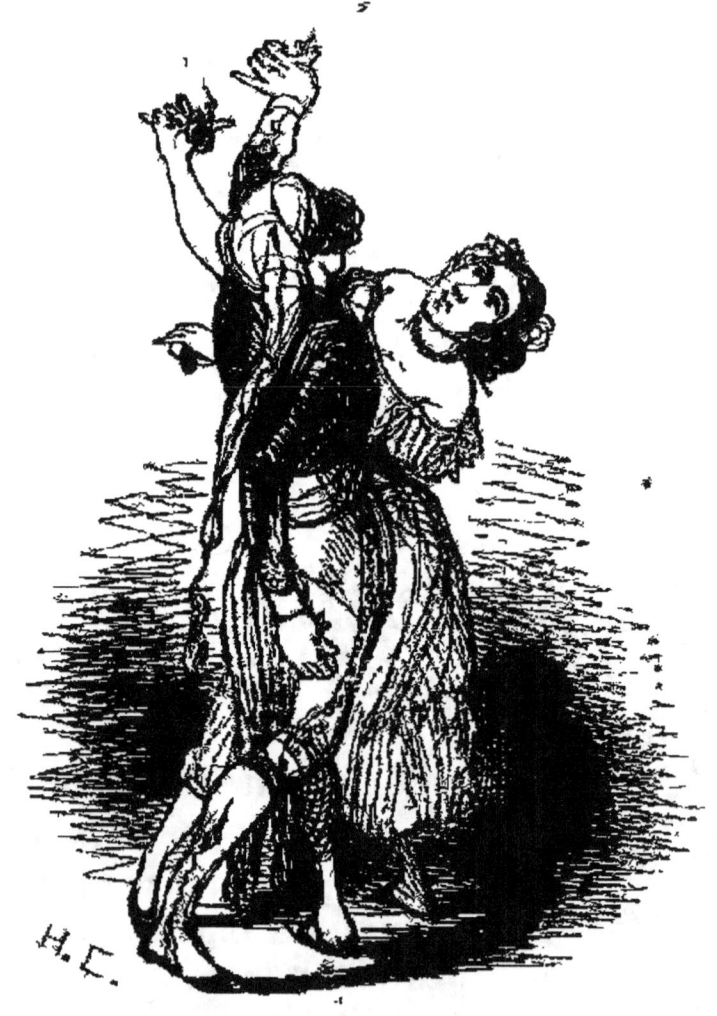

sons mieux : il l'est moins.

Il ne fait rêver que le plaisir, lui; il amuse et
voilà tout. La cracovienne fait rêver le boudoir;
la cachucha fait désirer l'alcôve.

Il est vrai que quelques-uns des sectateurs du cancan l'ont étrangement défiguré. A son petit balancement coquet et libertin, à ses poses semi-voluptueuses et semi-plaisantes, ils ont substitué des poses lascives et grossières, un balancement trivial et malséant. Quelques-uns même, — quelques-uns ont été jusqu'à le danser à plat-ventre!

Fi! hérétiques, fi! vous avez gâté le cancan.

Eh bien! malgré tout, malgré la persécution et malgré l'hérésie, il n'en est pas moins le dieu du bal masqué.

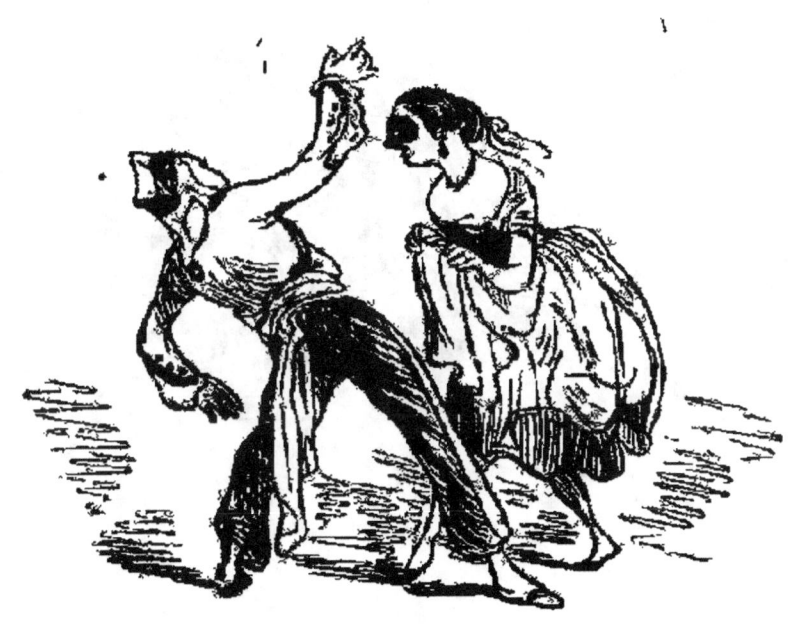

Et maintenant, cher public, sais-tu pourquoi la cachucha et la cracovienne ne sont pas mises au *violon* comme le cancan? — C'est que la police a une stalle à l'orchestre et un bon binocle.

Sais-tu pourquoi le cancan a triomphé en dépit de tout? — C'est qu'on l'a défendu.

— Voilà le monde, mon très-cher, voilà le monde!

*Avis important.* A partir du mois d'octobre prochain, un cours de cancan sera ouvert au Conservatoire.—Professeur: M<sup>elle</sup> Fanny Essler.

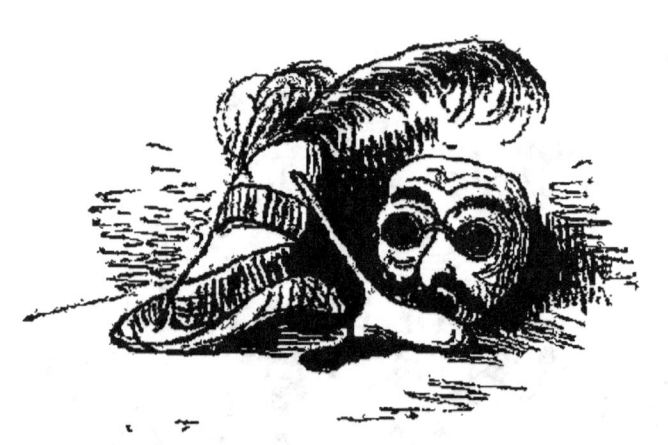

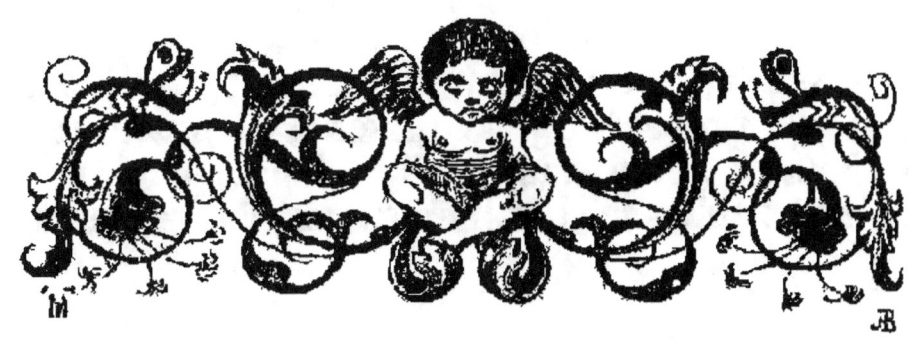

## XII.

### Dialogue sur certains bals publics et sur le public de certains bals.

N mot, monsieur l'auteur ?.....
— Messieurs...
— Il y a beaucoup de bals à Paris ; définissez-nous le caractère, l'aspect, le type particulier de chacun d'eux.

— Impossible, mes bons messieurs, parfaitement impossible. Tous les bals se ressemblent ou à peu près. — Que voulez-vous que je vous dise, moi? Partout il y a des gens déguisés qui crient,

qui braillent, qui dansent, qui aiment, qui sou-
pent, qui boivent, qui se grisent ; et quand tous
ces gens ont bien crié, braillé, dansé, aimé, sou-
pé, bu et qu'ils se sont bien grisés, ils regagnent

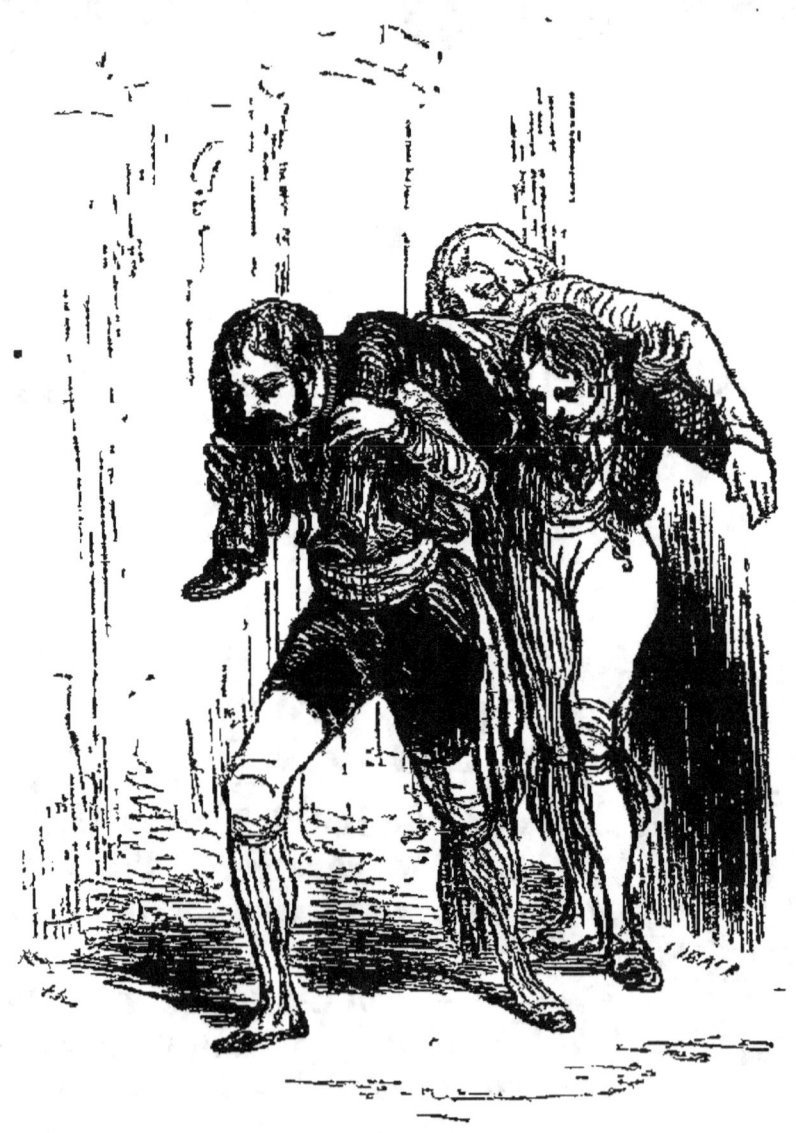

leur lit quand on ne les y porte pas. — Voilà !
— Ce n'est pas tout.

— Quoi donc encore? — Ah! oui, il y a des municipaux qui s'ennuyent, des pompiers qui veillent et des sergents-de-ville qui bâillent et qui *empoignent*.

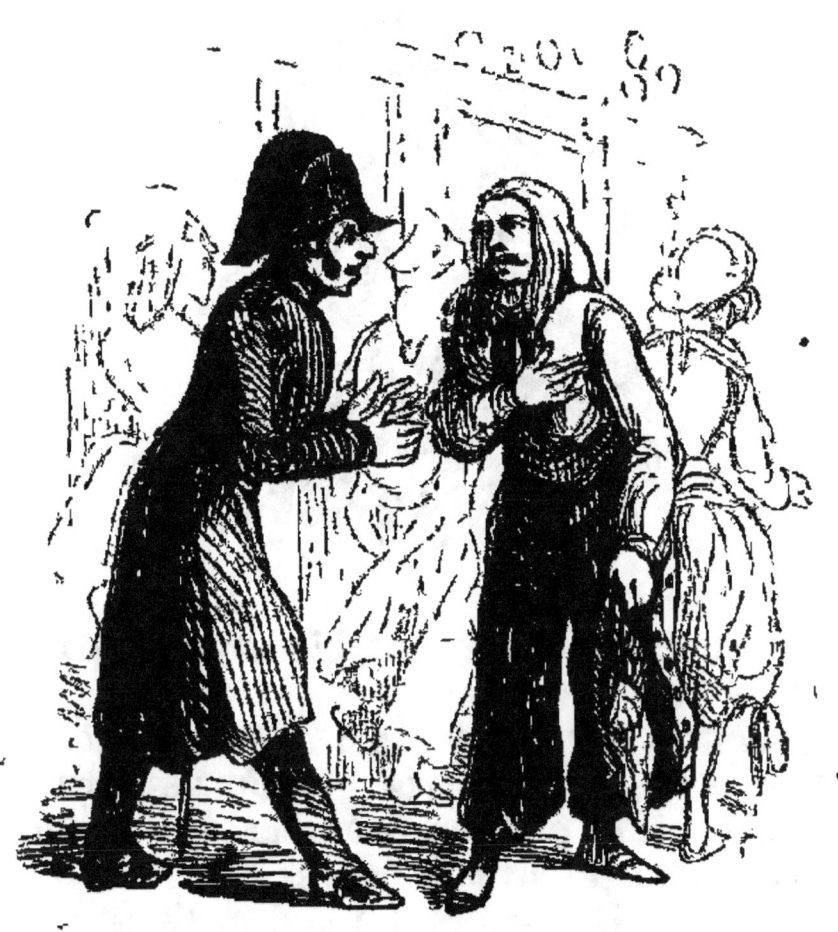

— Après?
— Ma foi! Après.... Que dire?
— Parler du public, monsieur, de l'espèce de public qui fréquente chacun de ces bals.
— Ah! diantre!
— Voyons. — Au Prado? Au Panthéon?

— Étudiants et étudiantes: M. et Mad. Ernest, M. et Mad. Oscar, M. et Mad. Eugène, etc.

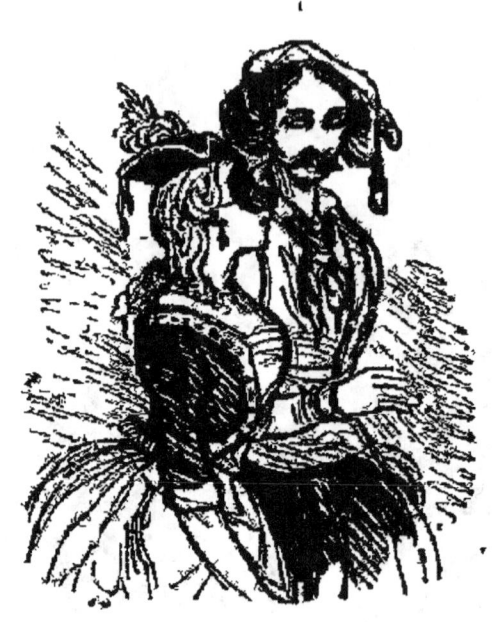

— Porte-Saint-Martin, Ambigu, Cirque-Olympique ?

— Commis marchands et grisettes : polisseuses, chamarreuses, répasseuses, brodeuses, brunisseuses, et même plusieurs danseuses ; — par-ci par-là quelques bourgeois égarés.

— Chez M. Desnoyers, de la Courtille ?

— Titis de bon et de mauvais ton.

— Au Sauvage ?

— Les femmes le sont peu : — chiffonniers de tout rang et de tout sexe. — Le déguisement adopté dans cette *réunion* consiste, pour les *dames*, à se coiffer d'un foulard dont les deux bouts pendent coquettement sur le *côté*. Ce tra-

vestissement est connu sous le nom de *costume
de voleuse*. Prix d'entrée : 1 fr., en échange du-

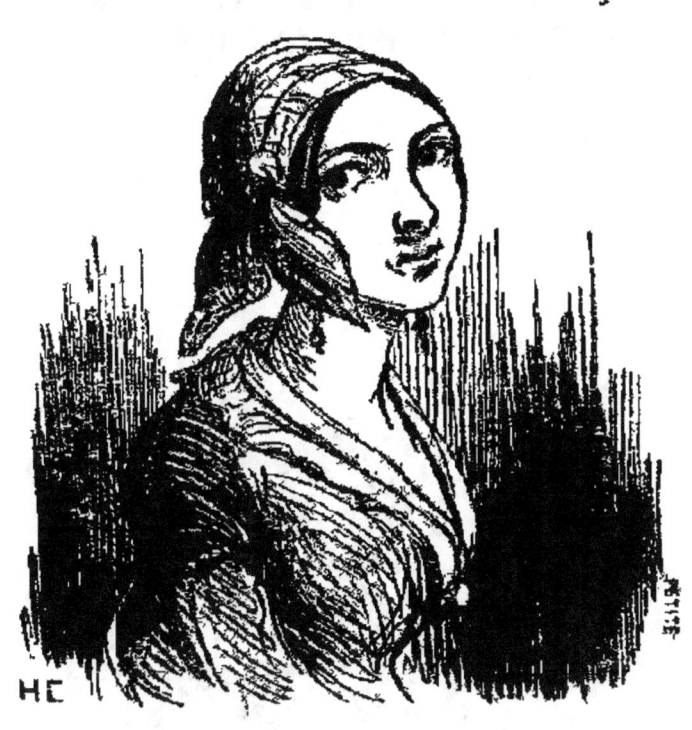

quel on vous délivre une bouteille de vin que
vous n'êtes pas forcé de boire.

— A Idalie ?

— Hommes de mer ; — femmes sans nom.

— Salle des Concerts Musard ?

— Public mêlé... et très-mêlé.

— Opéra ?

— Jeunesse adorée, vieillesse dorée ; — lo-
rettes et archi-lorettes ; — viveurs de toutes

sortes; — de lions... toute une ménagerie; — peu de bourgeoises; — quelques femmes bonnêtes; — beaucoup de femmes comme il en faut; — prodigieusement de femmes à louer... pour leur grâce et leur toilette.

— Merci !

— Il n'y a pas de quoi.

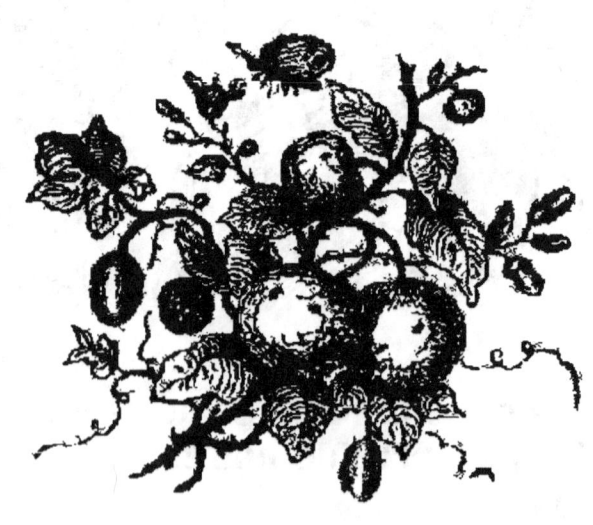

## XIII.

### Le bal à l'opéra.

C'EST quelque chose de pyramidal, qu'un bal à l'Opéra.

— Un éclat de lumière..... à faire rougir le soleil; une foule compacte, — des sons étranges, des cris monstrueux; — une danse échevelée, — une musique ébouriffante; — un va-et-vient continuel; — du luxe partout et dans tout; — des costumes variés, brillants, étincelants; — le cancan dans toute sa gloire, — l'amour sous

toutes ses formes, — la joie sur toutes les faces,
— l'argent dans toutes les poches ; le *domino* sort
rare, — l'*Intrigue*, la traditionnelle intrigue dis-
parue pour faire place *aux intrigues* de toutes
sortes.

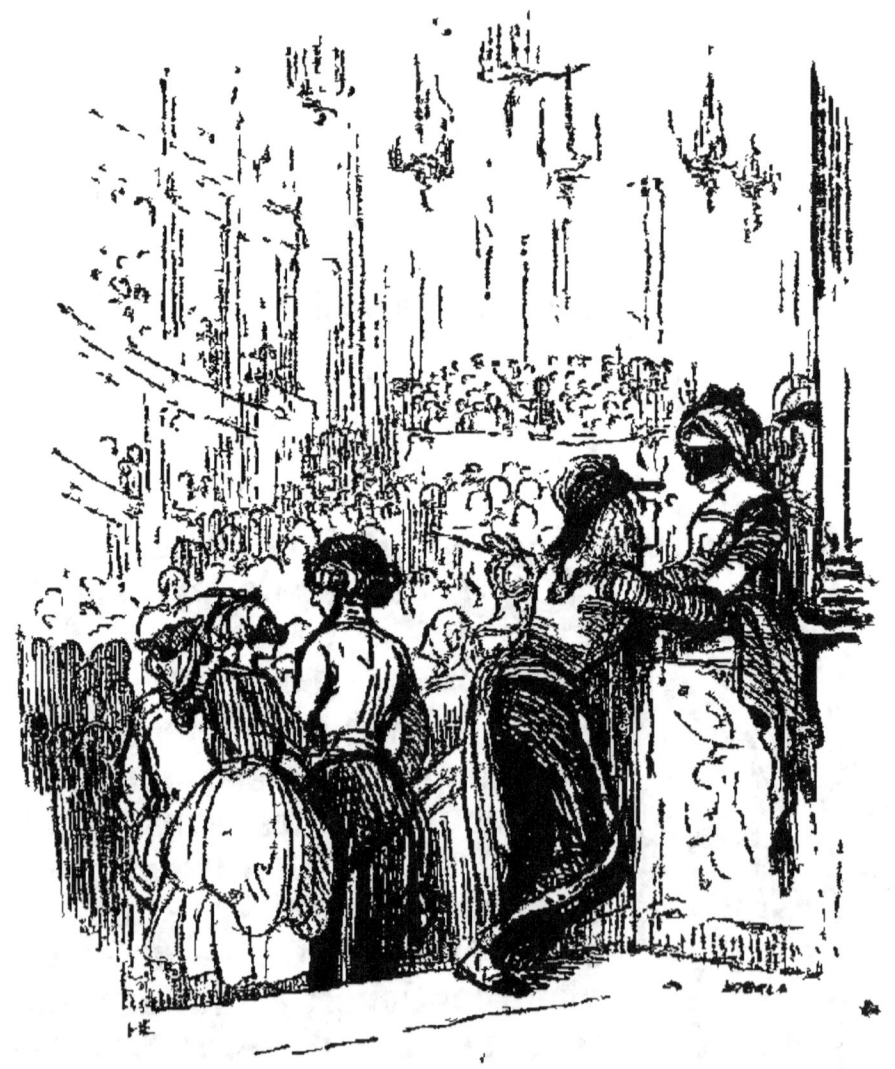

— Quel changement! — s'écrierait un voyageur, qui, éloigné de Paris pendant dix ans, y re-

viendrait tout-à-coup,—est-ce donc là mon bal de l'Opéra, avec ses causeries animées, son intrigue vivace, son domino fondamental ?

— Non, voyageur, non !

Autrefois il y avait un bal *de* l'Opéra; maintenant il y a bal *à* l'Opéra. Et voilà toute la différence ! Un changement de préposition... rien que ça!.. Et c'est beaucoup.

Si vous voulez savoir d'où vient ce changement, si vous voulez apprendre les détails de cette révolution carnavalesque, nous vous prions de lire l'épopée suivante, trouvée par nous dans la poche d'un costume que le sieur Babin nous a déclaré, en nous le livrant, avoir été loué la veille par un académicien en goguette.

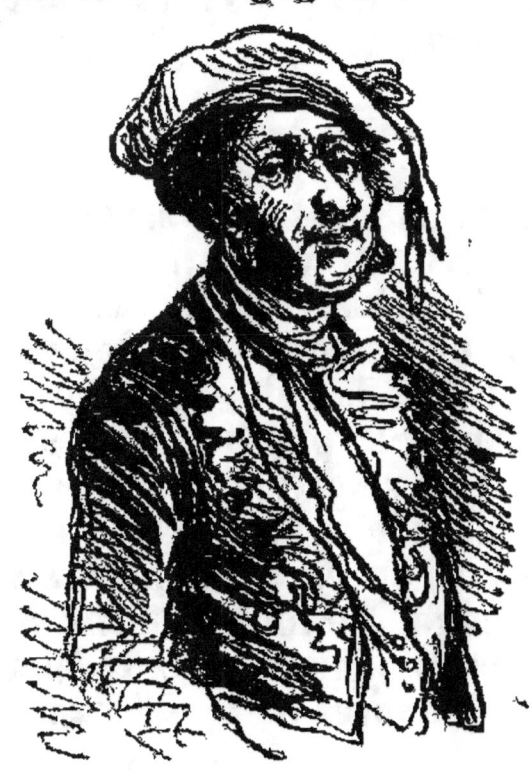

# LA MUSARDINE ÉPOPÉE,

## poème en six chants et demi.

### CHANT I.

O Muse, inspire-moi ! Fils de *la tonne*, viens accorder ma lyre ! Je vais chanter la gloire du Cancan, de son grand-prêtre et de ses débardeurs joyeux ; je vais chanter les malheurs du *Domino*, la déconfiture de l'*Intrigue*, et la défaite du bal de l'Opéra. — O désastre ! — Fasse le dieu des *verres* que ma prose soit digne d'un tel sujet, et que Pégase ne me soit pas rétif comme un cheval de Romainville !

### CHANT II.

Sur les confins du boulevart et de la rue Lepelletier, s'élève un vaste temple consacré au plaisir, l'Opéra. Là, venait jadis, aux temps carnavalins, un peuple de dominos, fidèles à l'Intrigue. Fière du culte dont elle était l'objet, la déesse semait le plaisir sous les pas de ses élus. A l'abri de sa divine protection, les petits mystères du boudoir, les secrets de l'alcôve se chuchotaient à l'oreille ; les *jeunes beaux*, les dorés de l'époque se fournissaient, à prix d'or, auprès des valets, d'histoires scandaleuses, dont ils se servaient auprès de la *délirante* comtesse, de la *sémillante* marquise, ou de la *divine* baronne, pour obtenir de clandestines faveurs, prix de leur discrétion. — O bonheur sans mélange! En ces lieux, point de danse! Un froid cérémonieusement glacial. — L'Ennui gardait les portes du temple et en chassait l'étranger; l'initié seul était appelé à participer aux jouissances des sacrifices, et l'Intrigue radieuse portait un œil humide de joie sur la foule de ses fidèles.

CHANT III.

Cependant le Cancan, traversant Paris de son

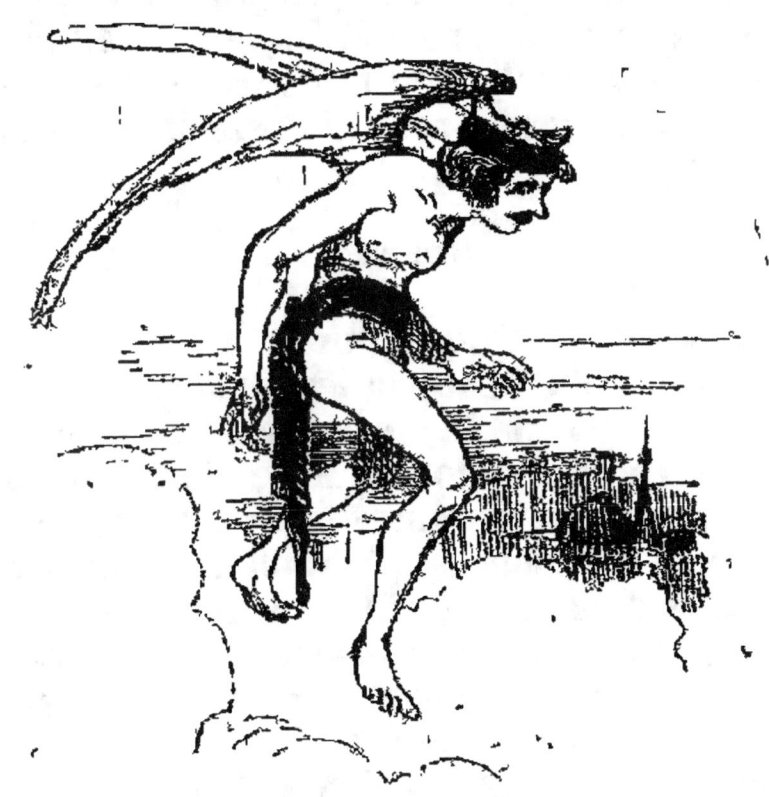

vol rapide, aperçut du haut des airs l'éclatante

clarté qui s'échappait du temple ; et, refermant ses
ailes divines, il vint se percher sur le pignon du
sanctuaire. La Haine au teint livide, et l'Envie
aux yeux fauves, voltigeaient autour du dieu,
qui, plongeant dans l'enceinte un regard irrité,
murmura ces mots d'une voix altérée : « Par le
» Carnaval, mon père ! suis-je donc ainsi mé-
» prisé ? Quoi ! lorsque dans Paris il n'est pas un
» temple où l'encens ne fume sur mes autels, ce-
» lui-ci, dont les parois sont dorées, où ma gloire
» se pavanerait à l'aise, celui-ci méconnaîtrait ma
» puissance ! Il n'en sera pas ainsi. Intrigue ! Ri-
» vale odieuse... Tremble !... » Le dieu dit, et,
reprenant son vol, il va s'abattre au chevet de la
couche où le grand-prêtre dormait du sommeil
du juste.

### CHANT IV.

Sur un lit d'acajou reposait le héros. Sa tête
s'appuyait mollement sur les quadrilles les plus
nouveaux, son noble instrument se balançait au
mur, et l'archet redoutable pendait à ses côtés.
Le grand-prêtre remplissait l'air du bruit de ses
ronflements cadencés (il ronflait en mesure !),
quand le dieu, se penchant vers lui, secoua les
songes dorés sur sa couche, et lui fit voir une
vaste salle resplendissante de lumière, un orchestre où cent cinquante instruments rivalisaient de
justesse, et un public animé et bruyant. Le héros
se vit lui-même, entouré de débardeurs, porté
triomphalement dans leurs bras, et savourant les

jouissances du triomphe. Il en éternua de plaisir !
Alors le dieu lui fit entendre les paroles suivantes, qu'il accompagna d'un *cavaller seul*, que nul autre que le Cancan n'eût pu exécuter :
« Tu flânes, ô grand *Musard* que tu fais, tu flânes, ou plutôt tu ronfles, quand il est un temple brillant où ton archet n'a encore produit aucun son. C'est à toi de le conquérir... Songe à ma gloire, songe à la tienne !.. » A ces mots, le dieu *balance*, et il disparaît en un *tour de main*.

### CHANT V.

L'Aurore quittait à peine sa couche de safran, que le grand-prêtre, secouant les vapeurs du sommeil, sauta à bas de sa couche d'acajou, et, passant un pantalon, s'écria d'une voix rendue sonore par l'enthousiasme : « O Cancan, ô mon dieu, tu seras satisfait ! » Puis, saisissant l'instrument qui pendait au mur, il fit entendre un *été* des plus chauds. A cet appel, la troupe joyeuse des débardeurs s'émut, et les principaux chefs gagnèrent en cancanant la tente du héros. Le conseil assemblé, le grand-prêtre se lève :
« Chefs des débardeurs, dit-il, sectateurs du Cancan, capitaines de la noce, écoutez-moi !
» En quelques années vous avez conquis toutes les salles de Paris ; partout votre galop monstre a fait voler des nuages de poussière, partout vous avez fait reconnaître la puissance de votre dieu, le Cancan. — Eh bien ! ce n'est pas

» tout ! — Une salle, — une seule dans Paris !
» — se soustrait impunément à votre empire, et
» vous ferme audacieusement ses portes. Le
» souffrirez-vous ? Non, vous ne le souffrirez pas !
» Vos jarrets nerveux ne subiront pas cet affront !
» — Suivez-moi, débardeurs ! Que les violons
» s'assemblent ! que les contrebasses, les flûtes,
» les pistons, les timbales, s'accordent s'il est
» possible ! Bombardons..... Que dis-je ? *mu-*

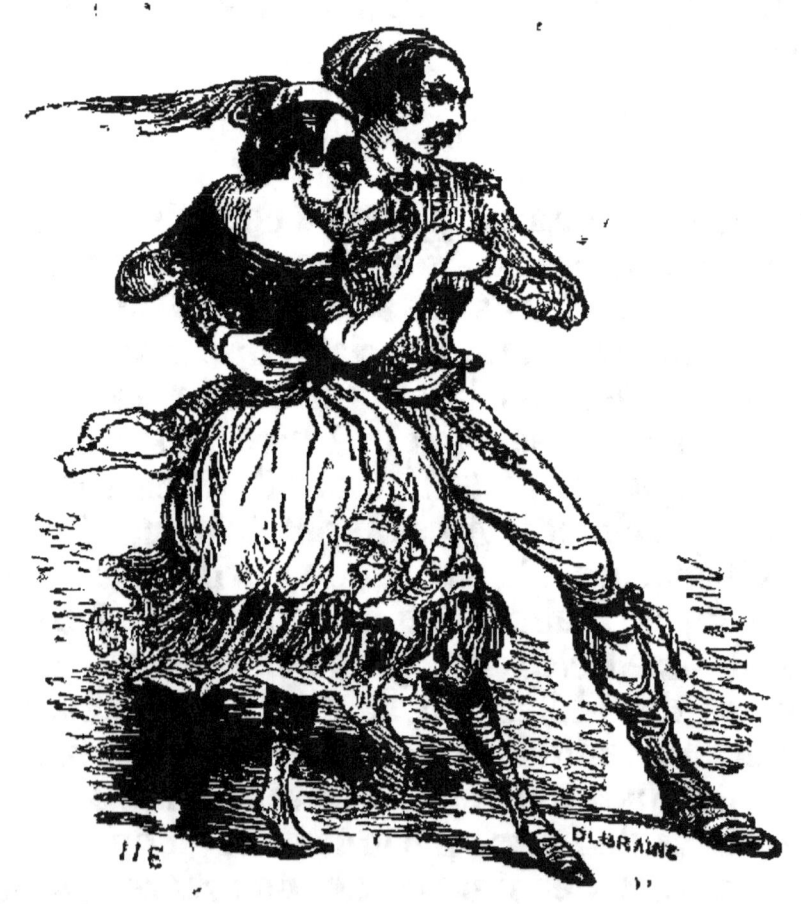

» *sardons* l'Opéra ! » Il dit, et les chefs répondent en chœur : « Musardons l'Opéra ! »

## CHANT VI.

L'armée s'avance vers le temple. Le grand-prêtre, l'archet à la main, marche d'un pied ferme, suivi de ses instruments nombreux. Sur ses pas se pressent les quadrilles épais de débardeurs animés à la danse. On aperçoit l'Opéra : l'heure est venue, le signal est donné! Les instruments résonnent de toutes parts, la foule des combattants se rue sur les portes, qui, fières d'imiter les murailles de Jéricho, tombent d'elles-mêmes aux sons des cornets à pistons et des clarinettes. O jour de gloire! les sectateurs de l'Intrigue fuient dispersés; — ces gens assurément n'aiment pas la musique! — et les cancaneurs se précipitent dans l'enceinte, en formant les figures les plus bizarres. C'en est fait..... l'Opéra est conquis! Les dieux eux-mêmes, les dieux prennent part au combat. Le Plaisir a terrassé l'Ennui et pris sa place à la porte du temple, et le Cancan se promène fièrement au milieu des quadrilles, cherchant des yeux l'Intrigue, sa rivale odieuse.

### DEMI-CHANT.

Le dieu et la déesse se rencontrent enfin. L'Intrigue est pâle, de cette pâleur que donne la honte d'une défaite. « Va! lui dit le Cancan
» triomphant, va, je veux encore être généreux:
» je t'abandonne le foyer; végètes-y dans un
» coin, et, de là, contemple ma gloire..... ce

» sera ton supplice ! Bien plus, aux deux côtés
» de l'orchestre où trônera mon grand-prêtre,
» il est un petit espace : — qu'il soit réservé
» aux tiens, et que, là, ils se livrent à la danse,
» sans sacrifier sur mes autels, j'y consens. —
» J'ai dit ; adieu, vaincue !..... »

. . . . . . . . . . . . . . . . . . . . . .

C'est tout ce que nous avons trouvé de *la ma-sardine épopée*. Le manuscrit original est déchiré en cet endroit ; l'académicien en goguette aura probablement eu besoin..... d'allumer son cigare.

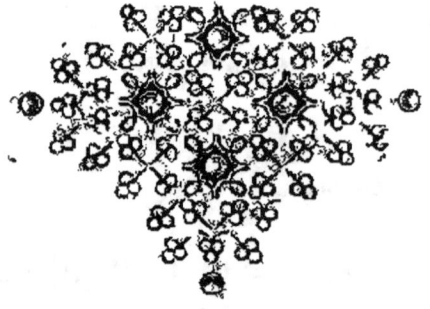

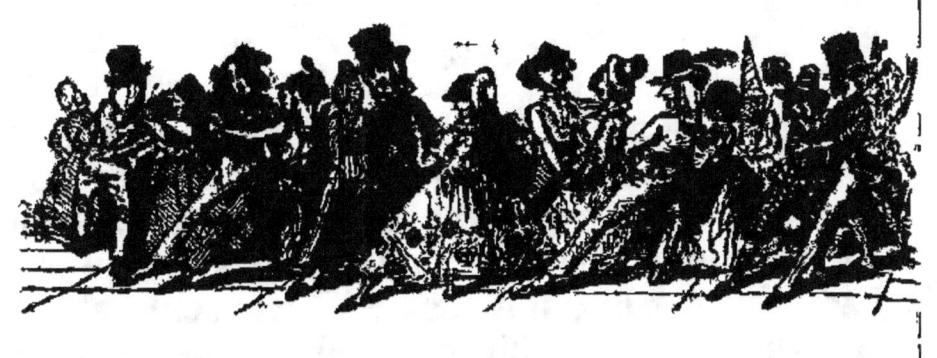

## XIV.

### Revue des loges, des corridors et des cabinets particuliers.

N étouffe dans la salle, chère Octavie, cherchons une loge pour nous y reposer.

— Ouvreuse, ouvrez !

#### N° 1.

Loge louée. — Ici repose toute une famille bourgeoise, le père, la mère, deux enfants mâles et déguisés en polichinelles, une jeune fille de seize ans. Le père a voulu donner à sa famille le spectacle d'un bal à l'Opéra ; il ronfle à déconcerter les trombonnes ; la mère dort étendue sur une banquette, les deux polichinelles se donnent chacun une troisième bosse... de sommeil. Il n'y a que la jeune fille qui veille ; elle regarde, elle dévore des yeux, son imagination travaille et danse. Le bal lui profitera. — Gare l'année prochaine !

### N<sup>os</sup> 2, 3, 4 et 5.

Appartiennent à la police ! — Découvronsnous, et passons !

### N° 6.

Un paletot blanc ; — un domino ; — ils chuchotent... J'ai l'oreille fine.

— Je t'en prie, cher Oscar, si l'on nous voyait......

— Que crains-tu ?... Ton mari ?....

— Est à la maison.

— Tu es sûre ?

— Parbleu !

— Qu'est-ce qu'il fait ?

— Il lit la *Physiologie du Prédestiné* (1).

— Cet homme-là a un esprit d'à propos...... !

_____

(1) Un vol. imp. sur papier emblématique et orné de 60 dessins.

Plein de jolies femmes ; — costumes de ville , un masque seulement ; — des élégants en habit noir ; — une odeur d'aristocratie.

La chaleur les a forcés d'ouvrir leur loge.

Un débardeur, franc *carnavaller*, s'arrête à la porte.

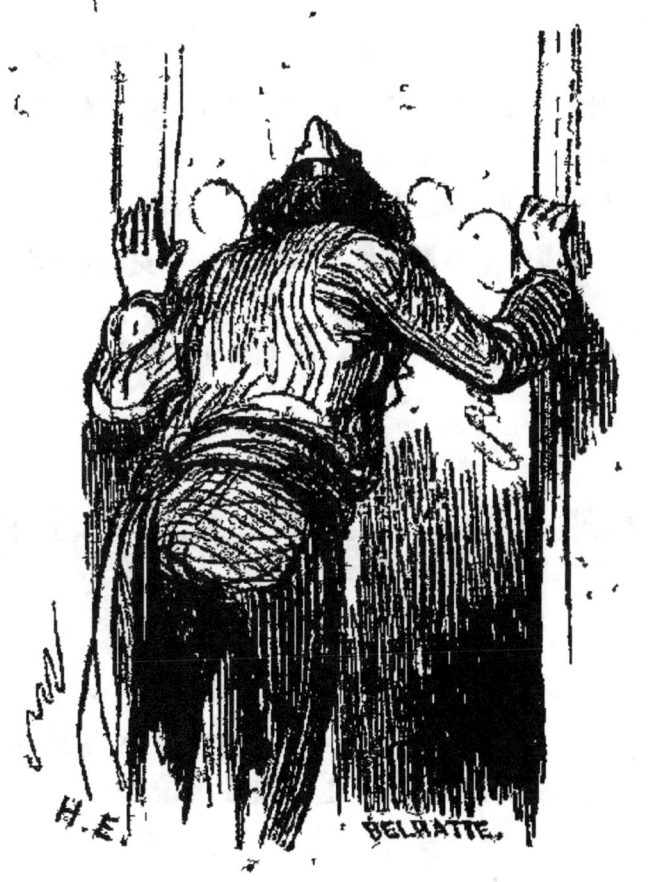

— Oh ! les beaux cheveux ! dit-il en s'adressant à une charmante blonde ; — dis donc, madame, veux-tu me donner de tes cheveux ?

Figure plaisamment confuse du débardeur, qui laisse tomber la natte et s'enfuit.

— Que penses-tu de cela, chère Octavie ?

— Cette femme est une femme du monde : — voilà mon opinion.

## N° 8.

Occupé. — Deux *débardeuses* ; elles causent.

— Que t'es bête ! ne pleure donc pas comme ça.

— Ma chère, *il* danse avec Irma !

— Eh bien ! danse avec Paul, et que ce soit fini.

— Tiens ! au fait.... C'est une idée, ça.....

## N° 9.

Un philosophe... tout seul ; et il s'amuse !
— Être anti-social, va !

## N° 10.

Un *hussard* serre de près une *laitière*, qu'il a enfin décidée à entrer dans la loge.

— Non ! non !

— Oh ! je t'en conjure !

La laitière lève le voile........C'est un homme !
Déception !

Ah ! voilà une loge libre enfin ! — Entrons, chère Octavie.

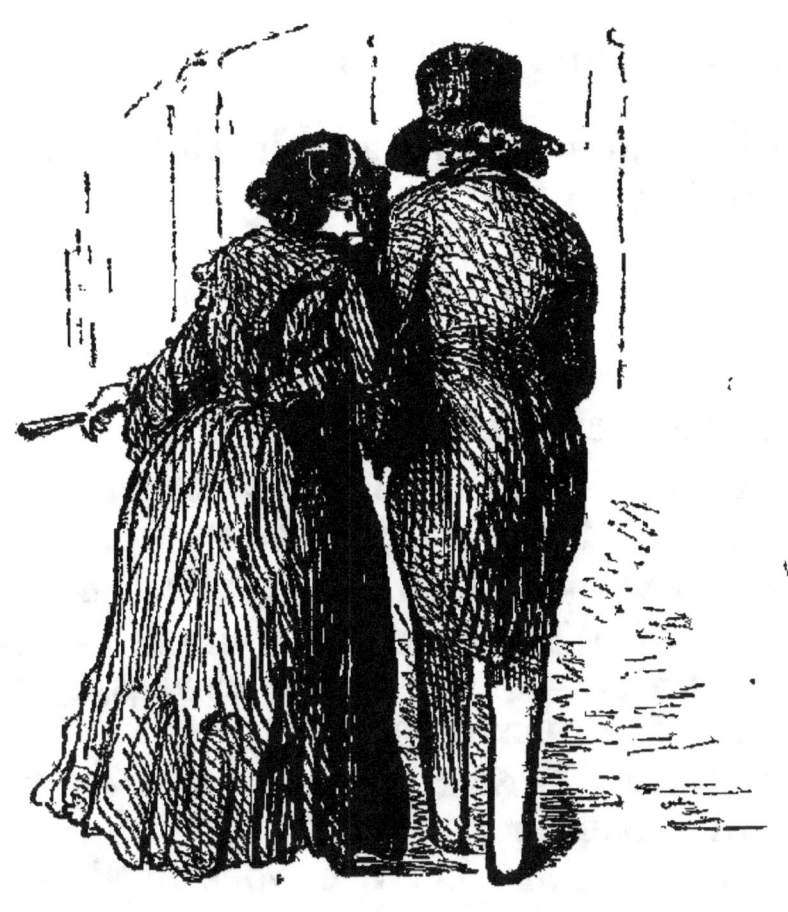

N° 11.

Une femme nous devance, et s'y précipite : un homme la suit.

— Ma femme !... Oh ! Dieu !

— Mon mari ! Ah ! diable !

Scène conjugale. — Fermez la porte, s'il vous plaît !

.......... Boudoir. — Oh! oh!

— Pas moyen de nous asseoir, Octavie, montons un étage.

## Corridor.

Rencontre entre un vieux lion et un lion-sot.

*Le vieux.* — Ah! ah! bonjour, cher!

*Le sot.* — Bonjour, mon bon!

*Le vieux.* — Eh bien!... et les femmes?

*Le sot.* — Ça boulotte, ça boulotte. — *Riant avec fatuité.* — Comment trouvez-vous cette bugue... ah! ah! mon bon?

*Le vieux, faisant la grimace.* — Hum! hum!..... Superbe, en vérité.....

*Le sot.* — Combien croyez-vous qu'elle vaille?

*Le vieux.* — Dix napoléons.

*Le sot.* — Allons donc!

*Le vieux.* — J'en suis sûr!

*Le sot.* — Impossible!

*Le vieux.* — Voulez-vous voir la facture? — C'est moi qui l'ai achetée ce matin pour Hortense.

*Le sot.* — Ah! diantre! — Merci, mon cher bon!

Deux *débardeuses* en passant. — Fragment de conversation .

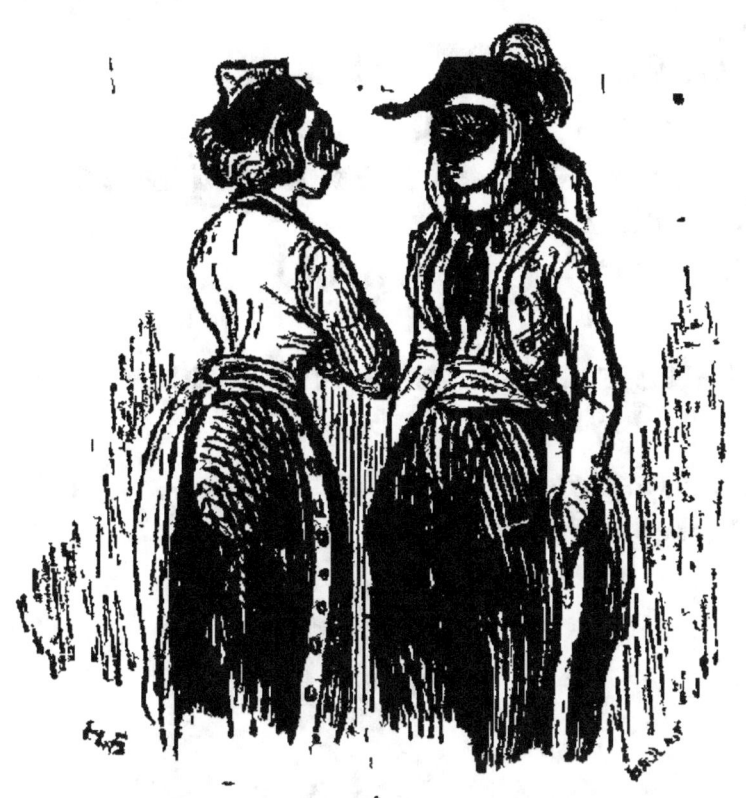

*L'une.* — Est-ce que tu ne soupes pas ?

*L'autre.* — Je n'ai pas encore trouvé..... Et toi ?

*L'une.* — Moi, j'en ai deux de soupers.....

*L'autre.* — Oh bien !... cède m'en un ?

*L'une.* — J' peux pas..... Et mon terme !

Un imberbe arrêté par un barbu.

*Le barbu.* — Tiens ! te voilà !... Que diable as-tu donc à courir comme ça ?

*L'imberbe.* —Un rendez-vous, mon cher, avec

une femme du monde..... Elle m'a promis de venir ce soir......

*Le barbu.* Et tu la cherches ?

*L'imberbe.* — Depuis minuit !

*Le barbu.* — Il est bientôt cinq heures;... Elle
te fait poser !

*L'imberbe.* — Allons donc !

Une débardeuse passe voluptueusement, ap-
puyée sur le bras d'un péquin.

*La débardeuse.* — C'est drôle... J'ai des ti-
raillements d'estomac.....

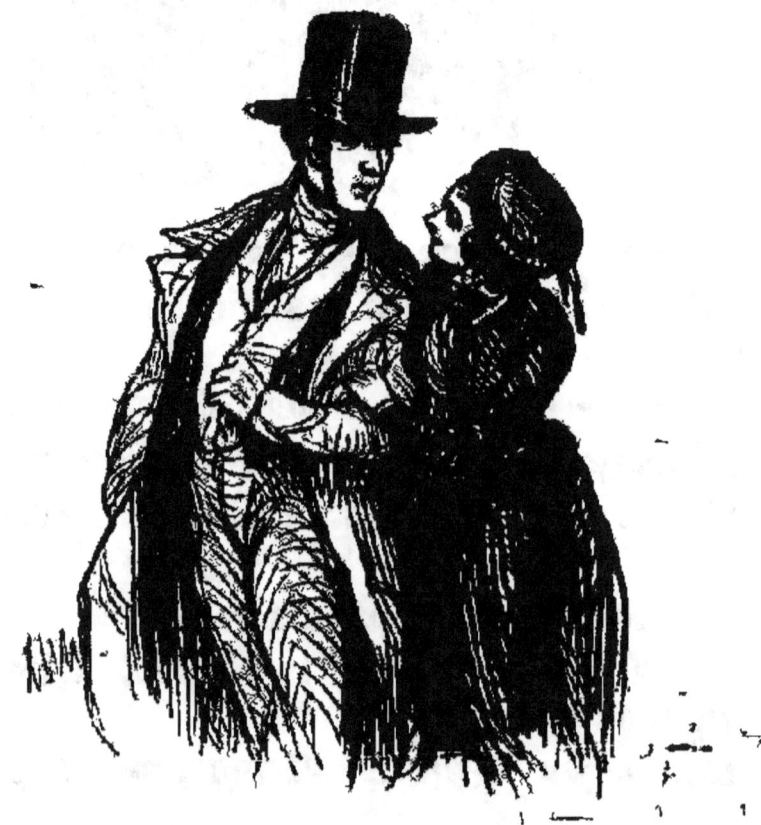

*Le péquin, vivement.* — C'est la fatigue ! Si tu veux, je vais te reconduire !.., Où demeures-tu ?

*La débardeuse.* — Ah ! ouiche ! La fatigue.... C'est plutôt la faim. Je prendrais bien *quéque* chose.

*Le péquin, lâchant le bras vivement.* — Il est tard... Je m'en vais. — Tu ne veux pas profiter de mon fiacre ?... Bonsoir !

*La débardeuse, tournant sur ses talons.* — Panné, va !

— Ils me donnent faim, ces gaillards-là : viens-tu souper, Octavie ?

### CABINETS PARTICULIERS.

— Garçon !... un cabinet !

— Monsieur, il n'y en a plus. Tous sont pris ou retenus.

— Celui-ci ?

— Retenu par un agent de change ;... une carte de cent francs, souvent plus, jamais moins !

— Peste !

— Dame ! il amène des dames d'Opéra..... et ça mange !

— Comme ça boit !

— Ce cabinet ?

— Occupé ! — Regardez plutôt par le trou de la serrure...

— Voyons. — Ah ! oui... diable ! — Deux hommes : un mûr, un vert encore, et une femme masquée. — Écoutons !

*Le vert au mûr.* Je veux que vous voyiez ma conquête... — *A la femme.* — Ote ton masque, ma chère, et parle un peu ; voyons... Je n'ai pas encore entendu ta voix..... Tu ne fais que manger.....

— *La femme masquée fait signe qu'elle désire garder son masque.*

*Le mûr.* — Est-ce qu'elle est muette ?

*Le vert.* — Je suis *sûr* que c'est une femme comme il faut. Je le saurai ! — (*Il coupe les cordons du masque qui tombe.*) —

*Le mûr, avec exclamation.* — Ma cuisinière !

*Le vert, devenu pistache.* — Pas possible !

— Le cabinet à côté ?

— Pris et archipris ! Ils en sont à la troisième bouteille de champagne.

— Ah ! diantre !.... Ils parlent haut.....

*Une voix d'homme.* — Démasque-toi, ma chère, — tu vois... je ne t'ai rien refusé... Il en sera toujours ainsi.

*Une voix de femme.* — **Monstre ! je le veux bien ; regarde !**

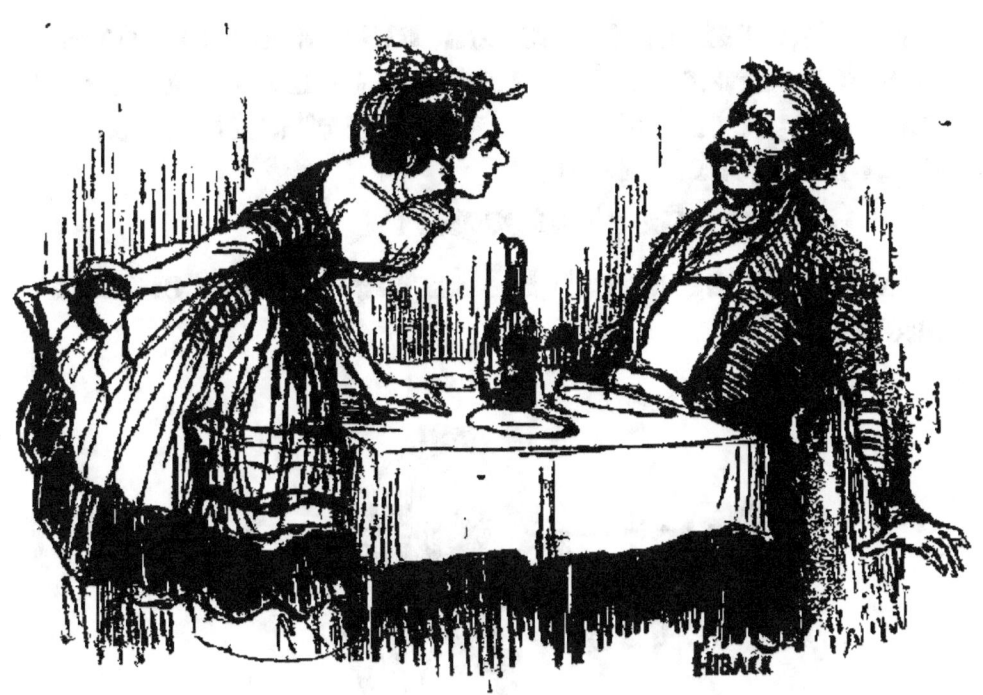

*La voix d'homme.* — **Ma femme !... Je suis pris !**

*La voix de femme.* — **Sortons, monsieur, sortons, je ne resterai pas ici plus long-temps,....**

**— Ils sortent. —**

*La femme, tout-à-coup.* — **Allez devant, monsieur, j'ai oublié mon mouchoir.**

*Un jeune homme qui se tenait aux aguets.*
**— Eh bien ?**

*La femme.* — **C'était lui !... J'en étais sûre....**

*Le jeune homme.* — Tâche de le perdre?

*La femme.* — Laisse-moi faire..... À bientôt !

Maudits cabinets ! Ils sont tous pleins ; et dans tous, les verres se choquent, les chaises remuent, craquent ; c'est un va et vient continuel. Toutes les voix crient à la fois :

— Garçon, du champagne !

Le champagne est le vin des dieux et des amours.

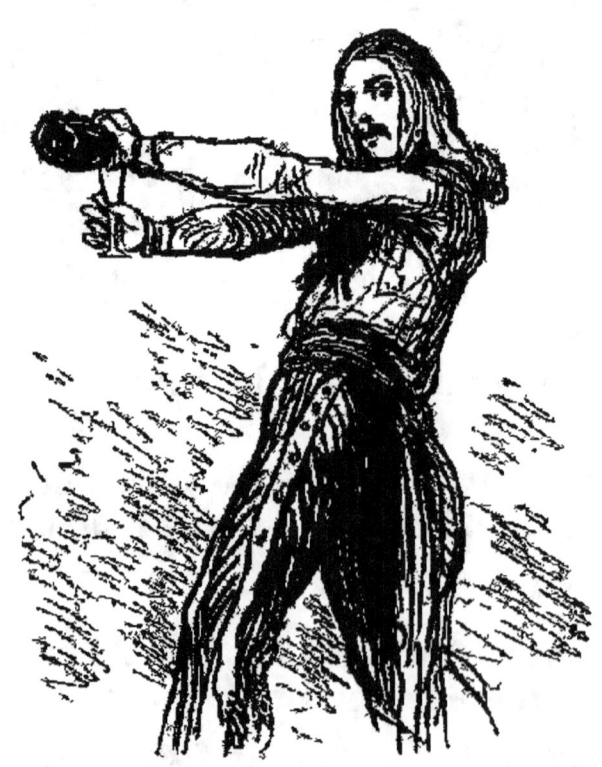

Il devrait y avoir écrit sur la porte de chaque cabinet :

— Garçon, du champagne !..... Frappez ; s'il vous plaît !

*Avis entre parenthèses.* (Nous ne saurions trop recommander aux garçons chargés du service des cabinets dans les restaurants, de n'entrer jamais qu'avec la plus grande modération, et qu'après avoir tourné la clé sept fois dans la serrure, comme les sages faisaient de leur langue avant de parler.)

— Décidément, chère Octavie, nous souperons dans le salon.

— Garçon, dans le salon... Deux couverts !

— Voilà ! voilà !

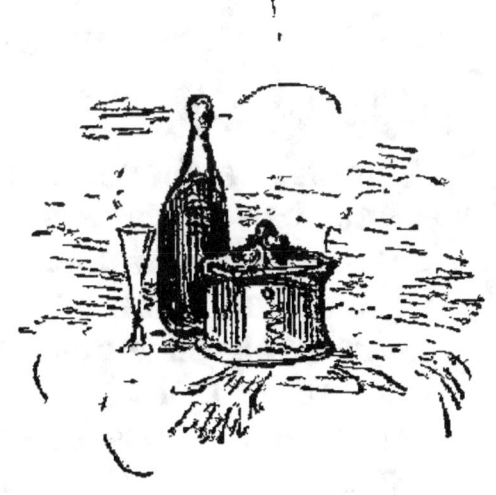

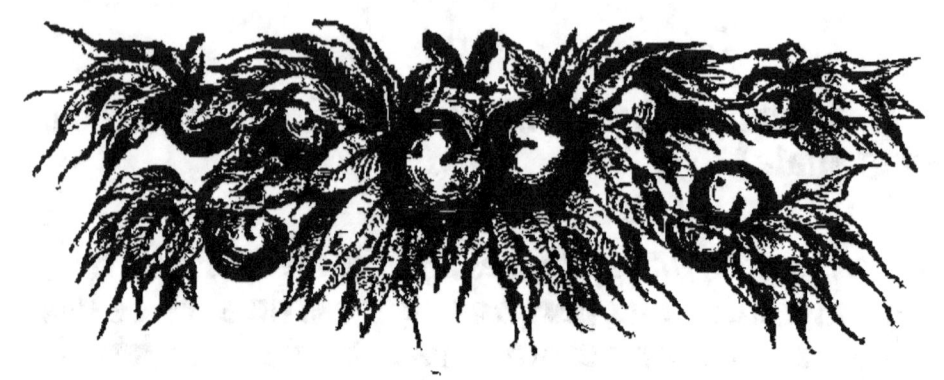

## XV.

### Un bal vu de haut.

EUT-ÊTRE vous est-il arrivé dans votre vie de gravir une montagne élevée ; alors n'avez-vous pas vu, parvenu au sommet, les nuages à vos pieds ? n'avez-vous pas entendu monter jusqu'à vous des sons étranges, un bruissement inexplicable ? — Non ? — Vous n'avez pas dominé les nuages ? — Vous n'avez pas entendu ces sons ?

Eh bien gravissez péniblement les cinq ou six étages de l'Opéra, faites-vous ouvrir une loge du cintre, si vous pouvez, et de là regardez !

Voyez-vous cet épais nuage de poussière ? — Entendez-vous cette rumeur indéfinissable, cette musique étouffée, ces cris confus, ces trépignements lointains ?

Booum ! booum ! Dzing ! dzing ! Aho ! ah ! ah ! oh !

Et si le nuage se dissipe un peu, par hasard, vous apercevez à vos pieds une masse bariolée qui grouille, qui saute, qui galope, qui se pelotonne, et qui finit par tomber pêle-mêle, en paquet.

Puis vous entendez encore :

Booum ! booum ! Dzing ! dzing ! Aho ! ohé ! ah ! ah ! oh !

Tohubohu ! tohubohu !

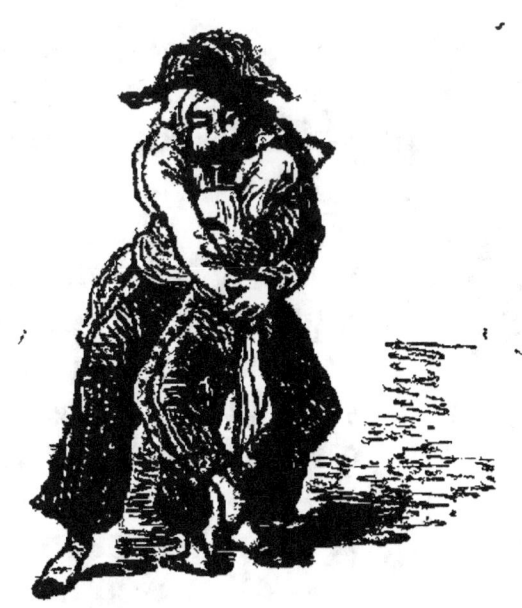

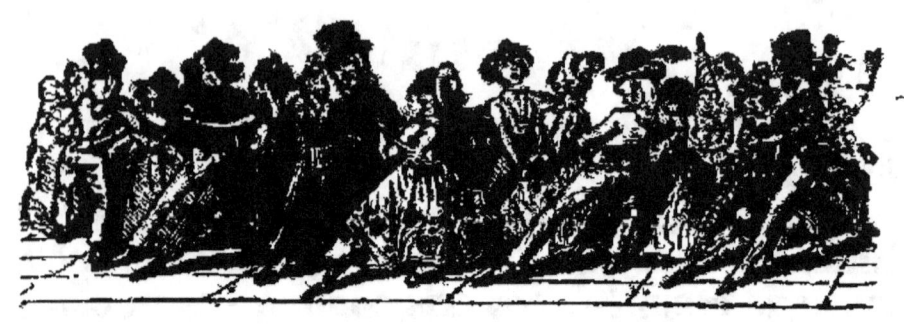

# XVI.

## Sortie du bal.

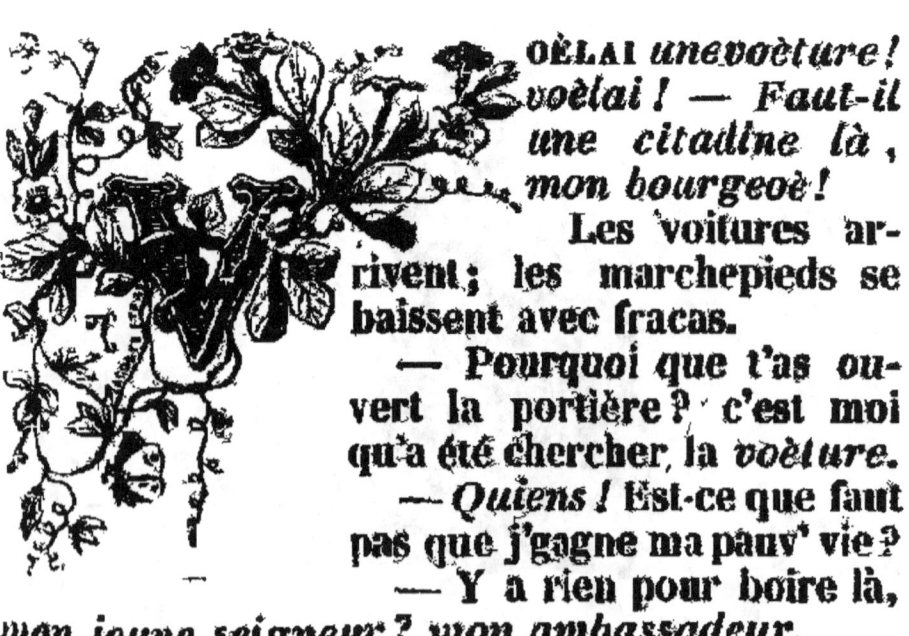

OÈLAI *unevoèture !* *voèlai !* — *Faut-il une citadine là, mon bourgeoè !* Les voitures arrivent ; les marchepieds se baissent avec fracas.

— Pourquoi que t'as ouvert la portière ? c'est moi qu'a été chercher, la *voèture.*

— *Quiens !* Est-ce que faut pas que j'gagne ma pauv' vie ?

— Y a rien pour boire là, *mon jeune seigneur ? mon ambassadeur.*

Les deux titis se gourment de coups de poing, et la voiture roule...

La sortie d'un bal! — Quelle cohue! — Les portes dégorgent, à flots pressés, les carnavaliseurs exténués. Quelles mines! Les visages

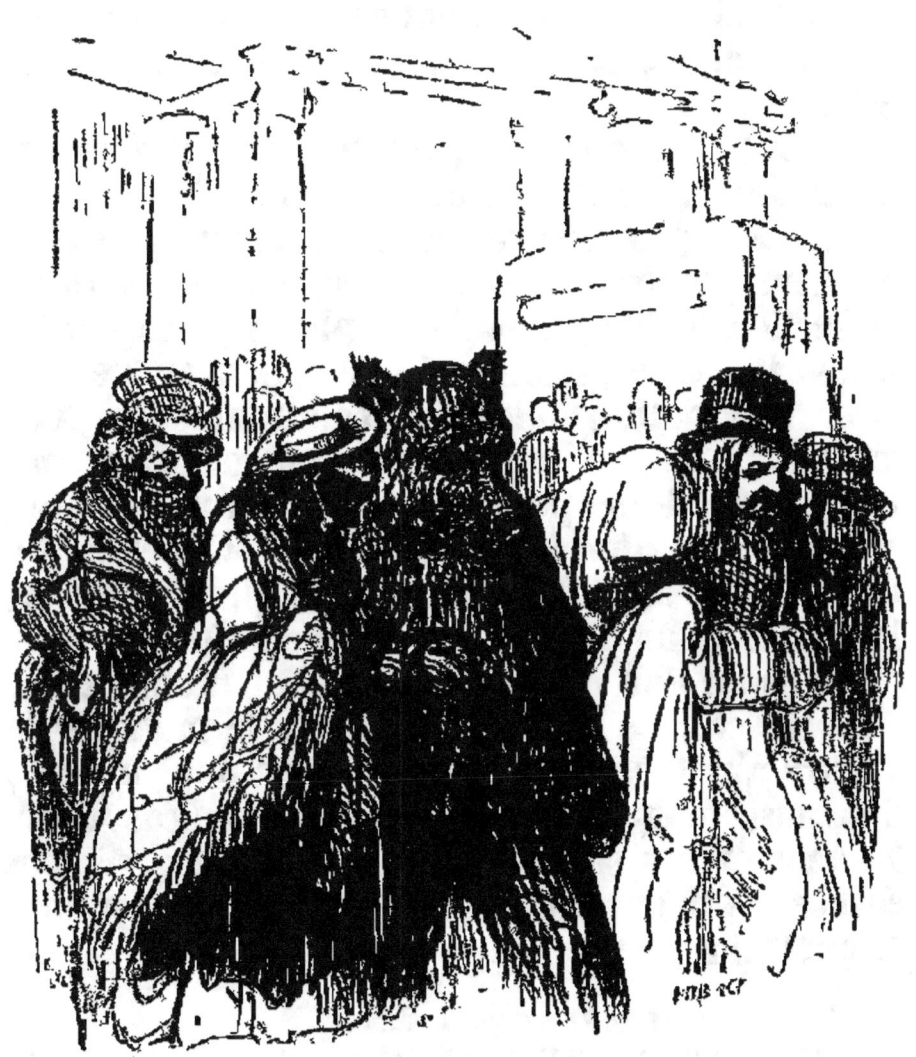

pâles, verts, maculés de fard et de poussière; les costumes si brillants tout-à-l'heure, poudreux maintenant, mal propres, déchirés, montrant leurs plaies et leur misère.

Ce que c'est pourtant que l'éclat des lumières!

Il faut qu'une femme soit bien véritablement belle pour supporter les tristes effets d'une sortie de bal au jour naissant. Les yeux sont rouges, tirés, éraillés; les voix sont enrouées, et les cheveux pendent, fiers d'avoir secoué le joug de la coiffure.

O gaz! mon cher gaz, il y a bien des femmes qui te doivent une fameuse chandelle!

Ce n'est rien encore que cela. Il faut voir tous ces gens poudreux, suants, échevelés, quand à la sortie du bal la pluie tombe par torrents, quand il est impossible de se procurer de voiture. Les petites femmes grelottent sous leur manteau, — si elles ne l'ont pas mis chez *ma tante*, afin de se pourvoir d'un costume; — on s'impatiente, on crie, l'on tempête. Cependant il faut partir; alors les petits pieds plongent dans le ruisseau, au hasard, sans précautions.

Oh! que l'on désire son lit en ce moment!

Après ça, ce n'est pas toujours le manque de voiture qui force un couple à s'en aller à pied, il y a aussi le manque d'argent. Dans ce cas, le débardeur enlève sa débardeuse, la place sur ses épaules, et regagne sa demeure en fredonnant ce quatrain :

Tout est mangé, tout est raflé,
Nous n'avons pas le plus petit denier;
Quand on n' peut pas s' fair' voiturer
Faut s' contenter d'aller-z à pied.

— Il faut se contenter d'aller à pied... Parbleu ! demandez à ces deux jeunes gens qui s'en vont là bas.

— C'est Paul et Virginie ; ils n'ont qu'un carrik

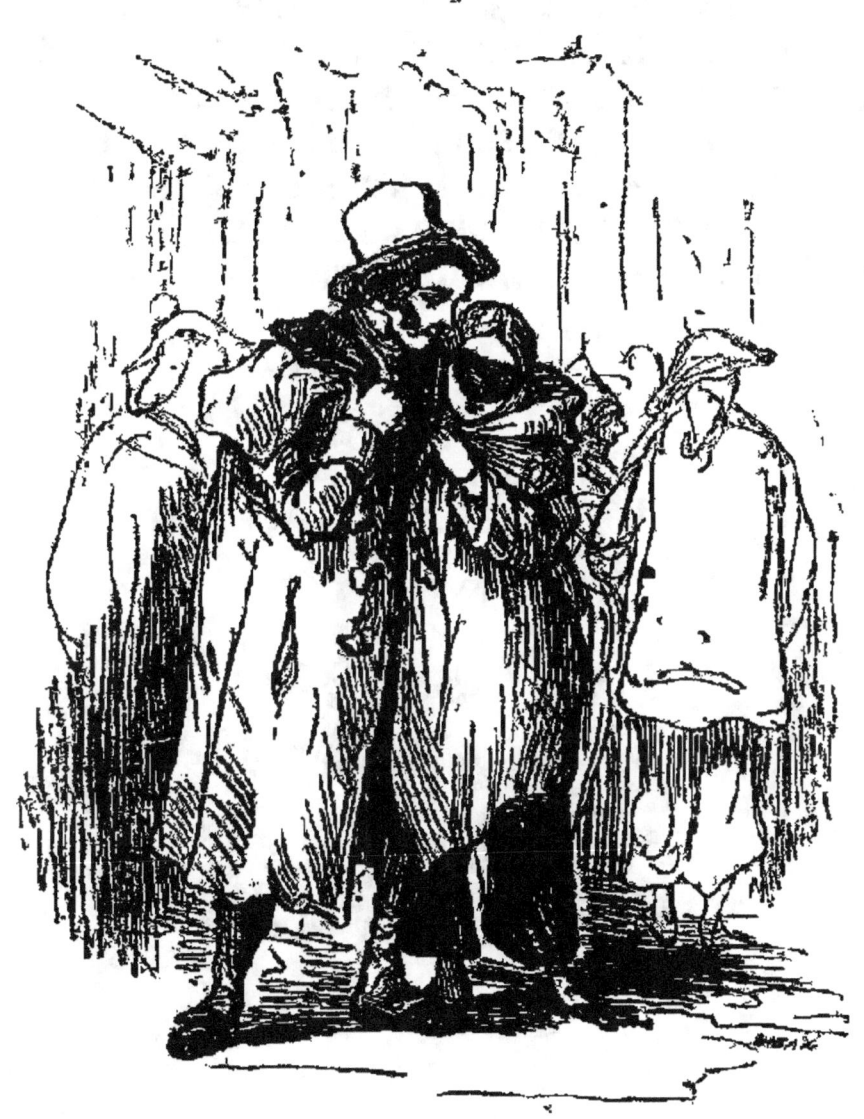

pour eux deux, et ils s'en arrangent de manière

à n'avoir chacun que la moitié d'un rhume. — C'est autant de gagné !

La sortie du bal, c'est le dernier terme des amours de la nuit. — Malheur à qui n'aura pas obtenu de la *cruelle* un rendez-vous ou au moins son adresse ! Il lui faudra, s'il veut la savoir, courir après la voiture, ou monter derrière, position incommode et féconde en coups de fouet.

Il n'y a guère que les intrépides ou les amoureux qui attendent l'heure de la sortie. — Honneur à eux ! — Ce sont des braves !

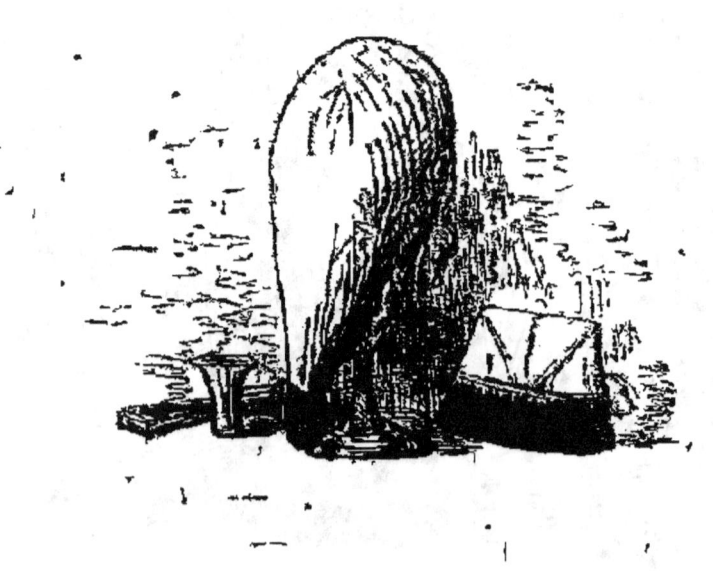

# XVII.

## — Des suites possibles d'un bal masqué.

'IMMORTEL *Bilboquet* eût dit : ceci est de la haute philosophie.

Les suites d'un bal masqué sont nombreuses... et dangereuses.

Jugez !

Rhumes, — catharres, — pleurésies, — fluxions de poitrine.

Vol de chapeaux, manteaux, armes, cannes et parapluies.

Correctionnelle ; — pour danse trop légère.

Œil en compote.
Balle de pistolet.
Coup d'épée.
Accrocs à la robe conjugale.
Visites de créanciers.
Liaisons dangereuses.
Amour sans espoir,
Amour trop facile.
Regrets cuisants.
Consultations gratuites, etc., etc.

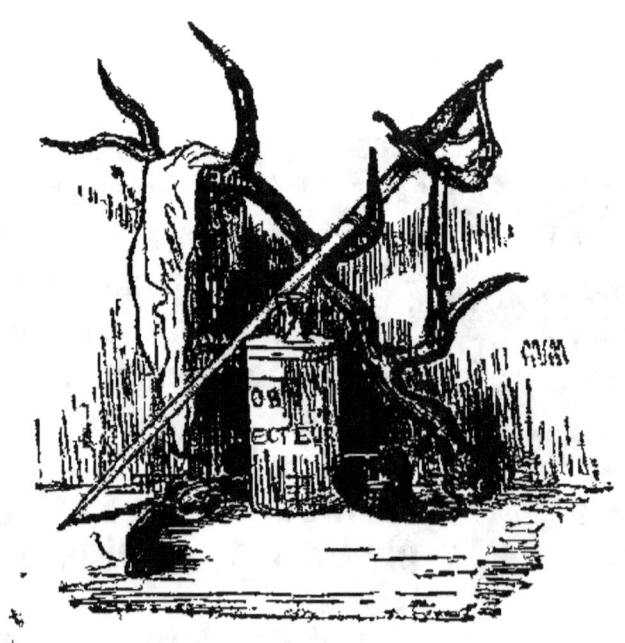

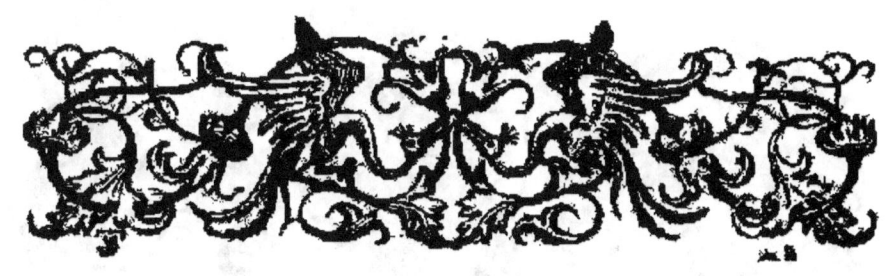

## XVIII.

## La descente de la Courtille.

C'est ainsi qu'on descend gaîment le fleuve de la vie!

BONNE et vieille chanson, aussi connue que la descente de la Courtille; nous vous ferons grâce de l'une et de l'autre. Montez le faubourg du Temple le lendemain d'un mardi gras, si vous voulez savoir ce que c'est.

Allez aux Variétés voir *la Descente de la Courtille*, si vous voulez savoir ce que ça n'est pas.

Bien du plaisir, messieurs ! — Moi, je vais me coucher. —

Bonsoir !

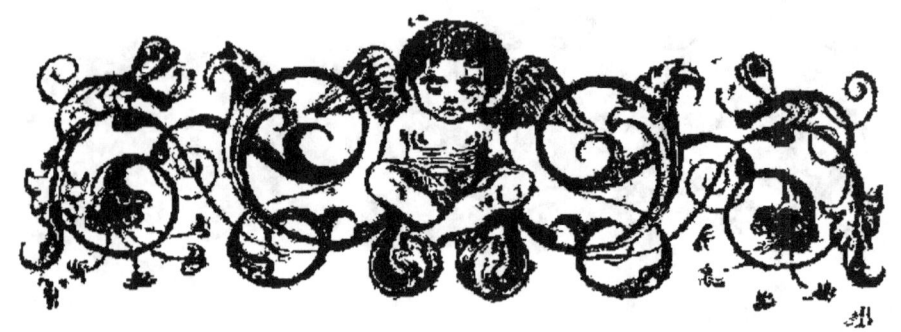

# XIX.

## Le mercredi des Cendres.

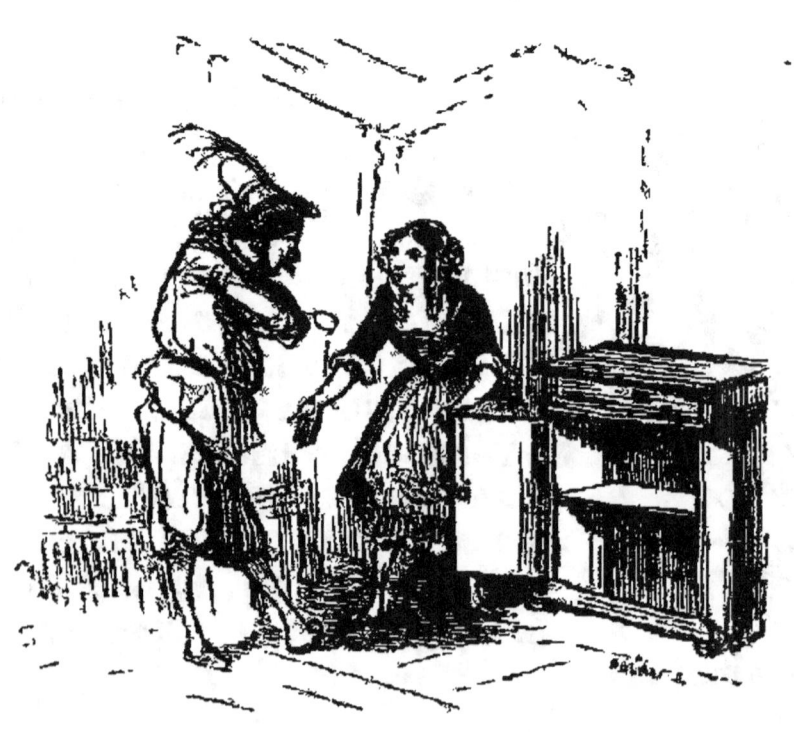

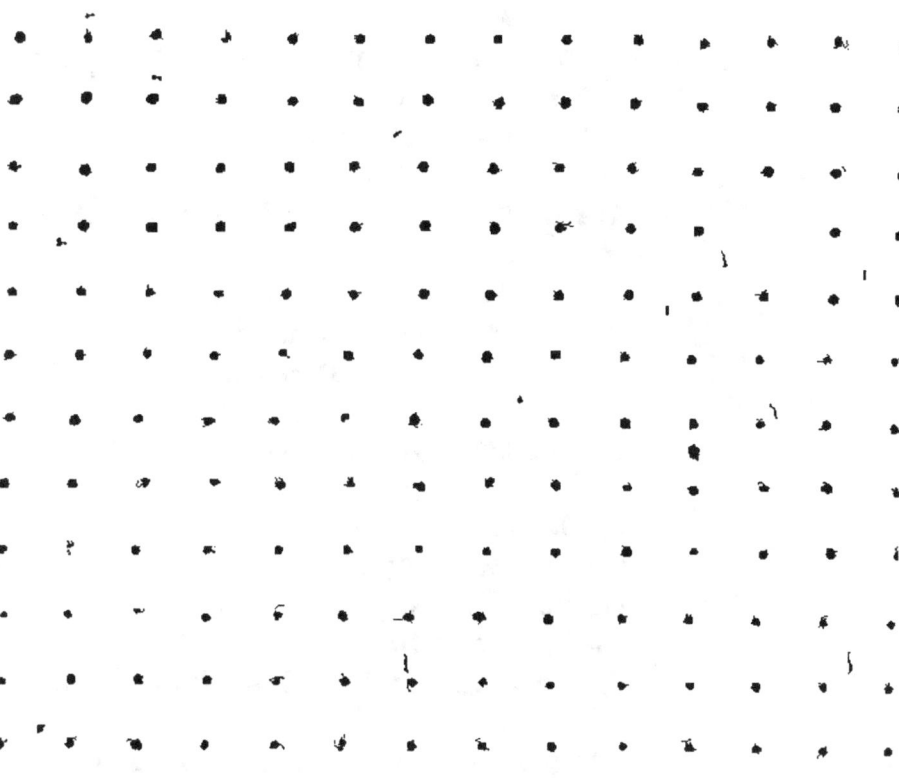

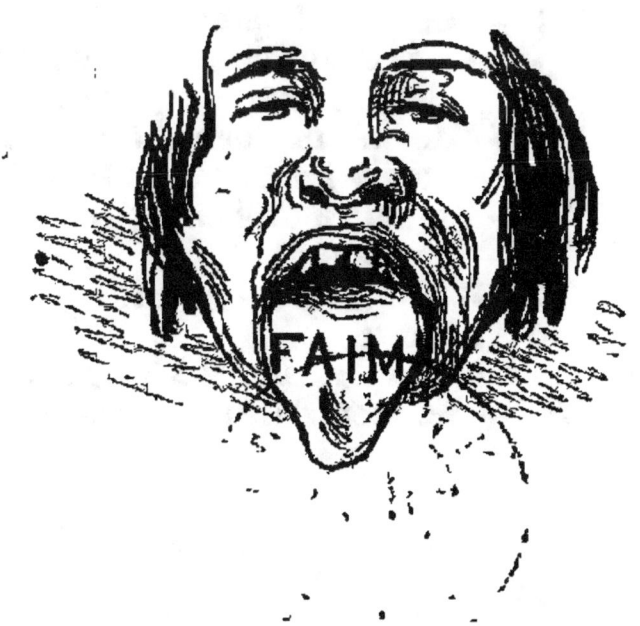

# TABLE.

FIN DE LA TABLE.

# L. CURMER,

## 49, RUE RICHELIEU, AU PREMIER.

LE

# JARDIN DES PLANTES,

## Par MM. P. BERNARD et L. COUAILHAC,

### Et MM. les Aides Naturalistes et Préparateurs du Jardin.

## GRAVURES COLORIÈES.

## QUATRE CENTS GRAVURES

### d'Animaux, de Fleurs, Vues du Jardin, Portraits, Gravures à l'eau forte, Plan topographique.

## UN SEUL VOLUME, 15 FR.

### 30 centimes la livraison.

# PHYSIOLOGIE
# DU JOUR DE L'AN,

## PAR L. COUAILHAC,

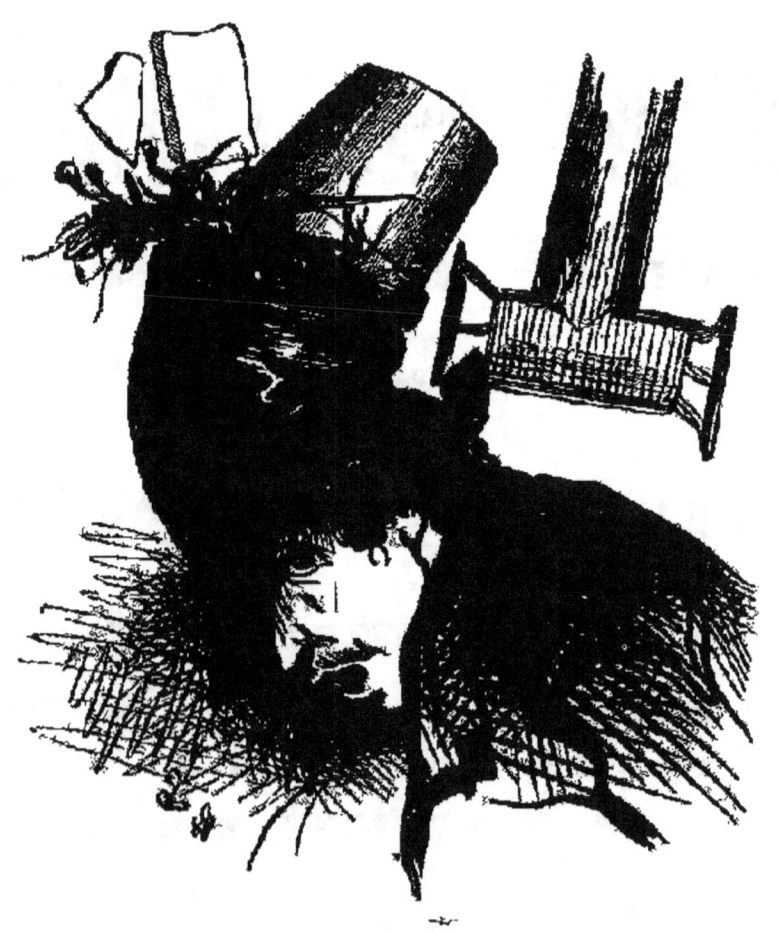

UN VOLUME AVEC ILLUSTRATIONS D'HENRI EMY,

têtes de page, culs-de-lampe, lettres ornées,

PRIX : 1 FRANC.

# PHYSIOLOGIE
# DU PRÉDESTINÉ

La femme en défendra la lecture au mari.

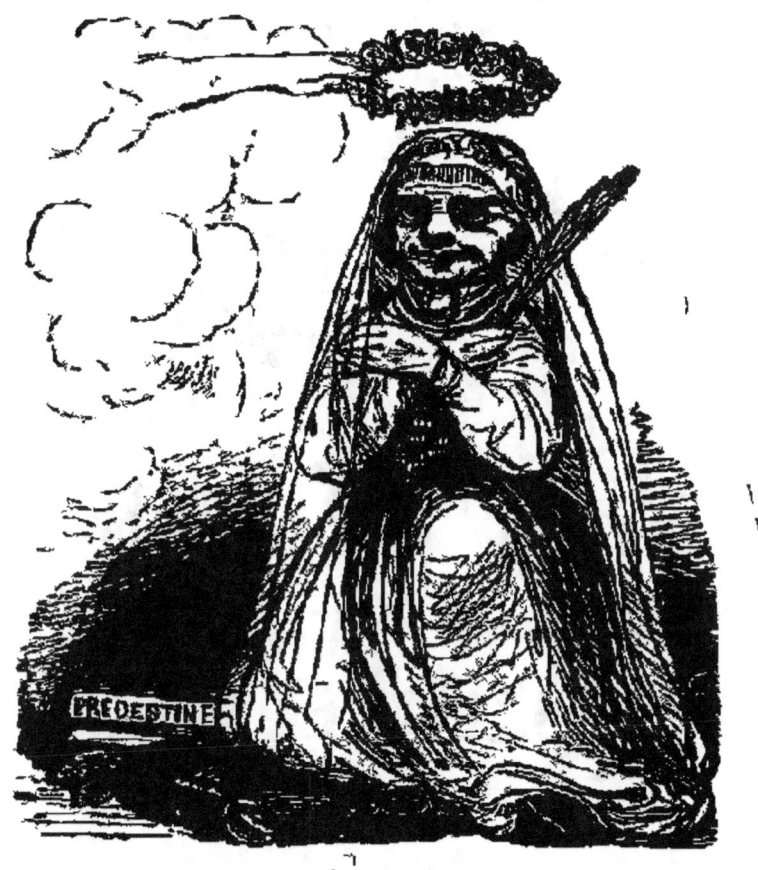

Un volume imprimé sur papier emblématique,

et orné de 60 dessins de **J. GAGNIET**.

prix : un franc.

# *Physiologie*

# DE LA CHARADE,

## DU LOGOGRIPHE

## ET DU REBUS.

avec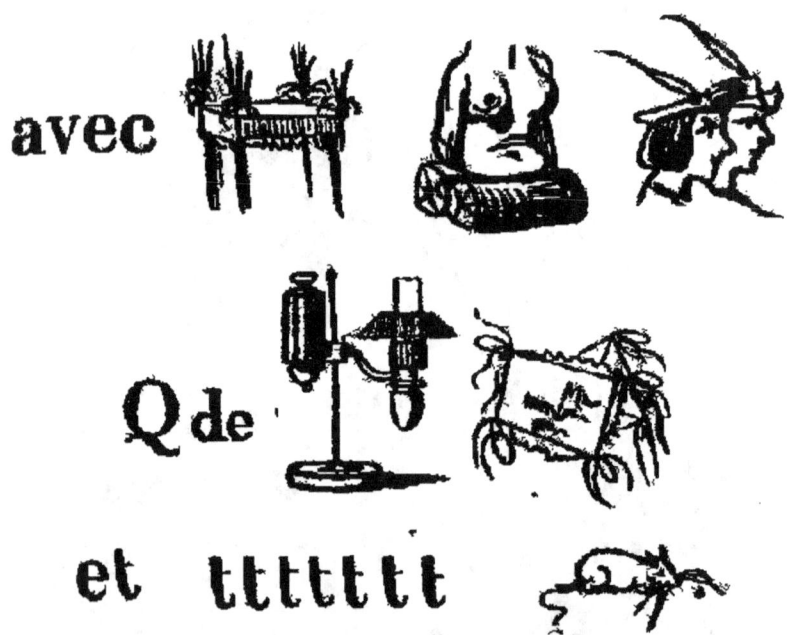

Q de

et ttttttt

Un volume

*AVEC ILLUSTRATIONS D'HENRI EMY.*

têtes de page, culs-de-lampe, lettres ornées, etc.

*Prix : 1 franc.*

# PHYSIOLOGIE
## *du malade,*

### PAR P. BERNARD.

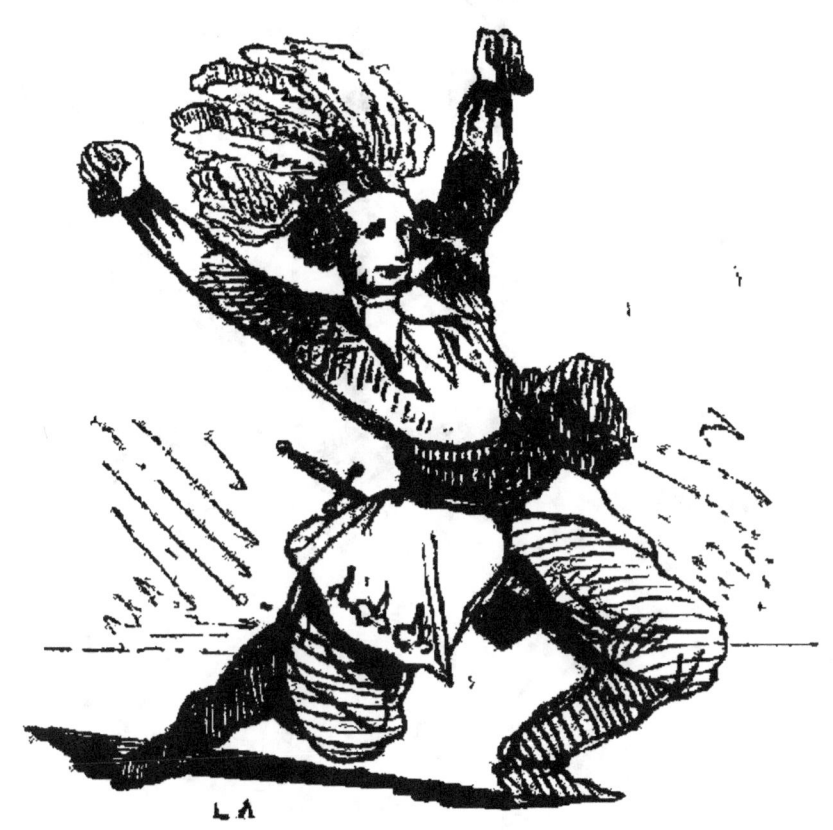

### Un volume
#### *AVEC ILLUSTRATIONS DE A. LORENTZ,*
têtes de page, culs-de-lampe, lettres ornées, etc.

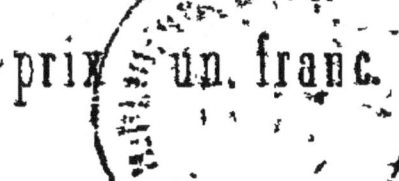

prix un franc.

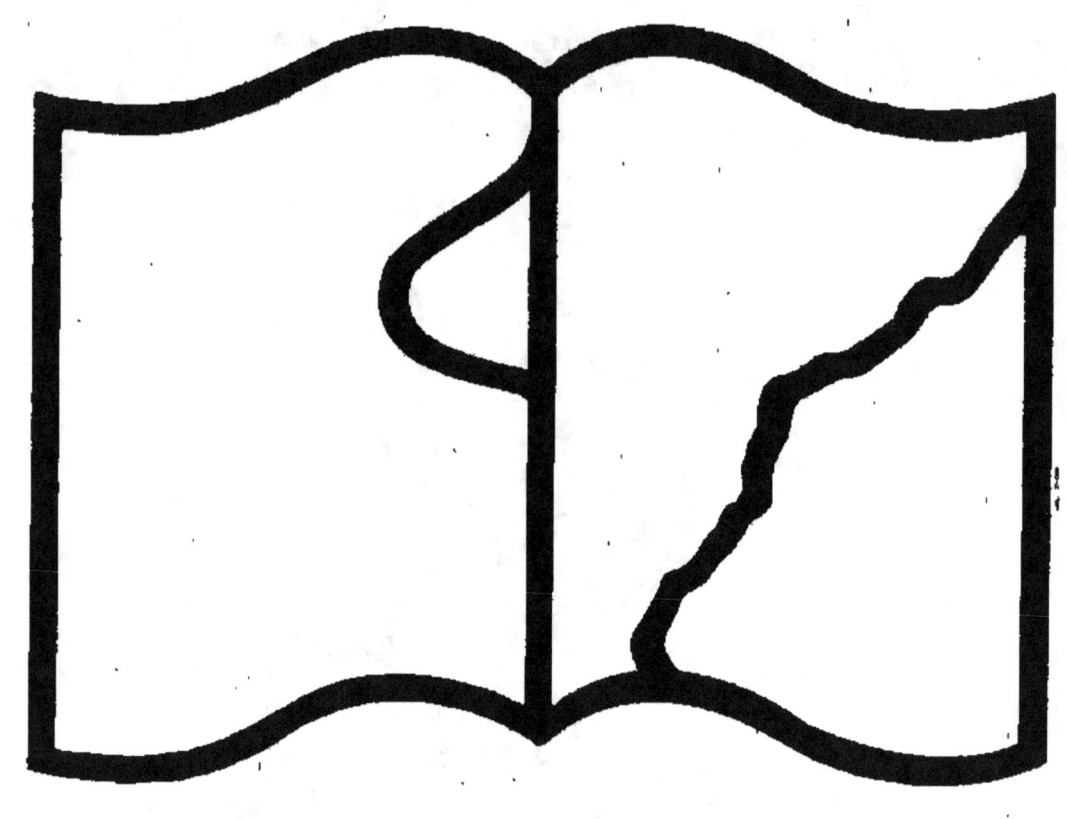

Texte détérioré — reliure défectueuse

**NF Z 43**-120-11

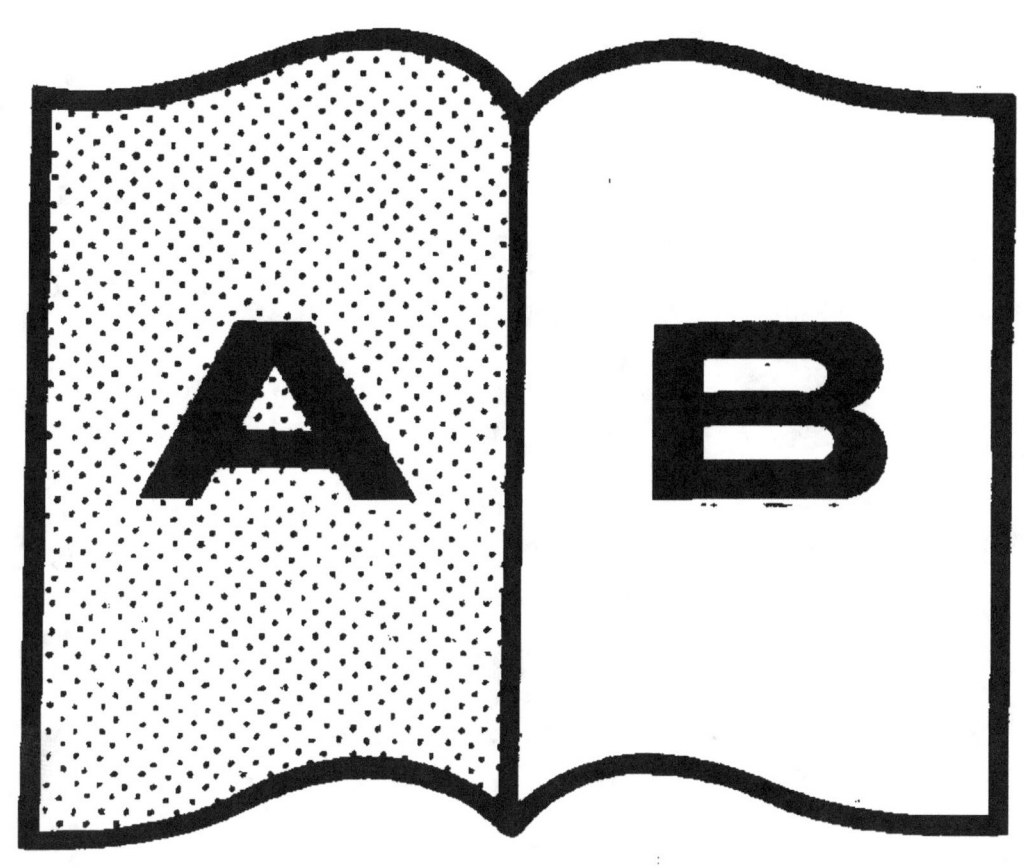

Contraste insuffisant

**NF Z** 43-120-14